As Extraordinárias Histórias do Sábio Nasrudin

"Quando eu era criança, me contavam as histórias de Nasrudin.

Elas são portadoras de uma sabedoria profunda e de um convite para a liberdade interior. Algo que fico feliz em compartilhar."

Matthieu

"O psiquiatra Milton Erickson tratava de seus pacientes contando histórias, o que para mim foi muito marcante e inspirador.

Matthieu e eu temos uma paixão em comum por esse personagem que alguns chamam de sábio... e de louco."

Ilios

Título original: *Les folles histoires du sage Nasredin*
Copyright © L'Iconoclaste et Allary Éditions, Paris, 2021

Grafia segundo o Acordo Ortográfico da Língua Portuguesa de 1990, que entrou em vigor no Brasil em 2009.

Coordenação editorial: Lia Diskin
Revisão de textos e provas: Chantal Brissac e Rejane Moura
Capa, diagramação e produção: Tony Rodrigues
Ilustrações (capa e miolo): Gabs

Dados Internacionais de Catalogação na Publicação (CIP)
(Câmara Brasileira do Livro, SP, Brasil)

Kotsou, Ilios
  As extraordinárias histórias do sábio Nasrudin /Ilios Kotsou, Matthieu Ricard; ilustração Alain Gabillet ; [tradução Edgard de Assis Carvalho, Marisa Perassi Bosco]. -- 1. ed. -- São Paulo : Palas Athena Editora, 2023.

Título original: Les folles histoires du sage Nasredin
ISBN 978-65-86864-27-4

1. Filosofia - História 2. Religiosidade 3. Sabedoria 4. Sufismo
I. Gabillet, Alain. II. Título.

23-157391   CDD-100

Índices para catálogo sistemático:
1. Filosofia   100
Aline Graziele Benitez - Bibliotecária - CRB-1/3129

1ª edição, agosto de 2023

Todos os direitos reservados e protegidos pela
Lei 9.610 de 19 de fevereiro de 1998.
É proibida a reprodução total ou parcial, por quaisquer meios, sem a autorização prévia, por escrito, da Editora.

Direitos adquiridos para a língua portuguesa no Brasil por
Palas Athena Editora
Alameda Lorena, 355 – Jardim Paulista
01424-001 São Paulo, SP – Brasil
Fone (11) 3050-6188
www.palasathena.org.br
editora@palasathena.org.br

ILIOS KOTSOU • MATTHIEU RICARD

As Extraordinárias Histórias do Sábio Nasrudin

ILUSTRAÇÕES DE GABS

TRADUÇÃO
EDGARD DE ASSIS CARVALHO
MARIZA PERASSI BOSCO

Palas Athena

Sumário

Por que este livro? 17

I. Ao encontro de Nasrudin

Nasrudin, o sábio louco 22
De onde vêm essas histórias? 25
Para que servem as narrativas? 27
    Compreender e organizar o mundo 29
    Buscar a sabedoria fora dos caminhos habituais 31
Por que as histórias de Nasrudin são peculiares? 34
    A necessária atenção 36
    O humor libertador 37
    A não fixação 38
    A surpresa 41
Como utilizar este livro 42

II. As extraordinárias histórias de Nasrudin

1. O saber conduz à sabedoria?..48
   O barqueiro 53
   De onde vem o som? 55
   As perguntas... 56
   Um famoso sermão..................................... 57
   A pergunta da pergunta............................... 59

2. Ter a mente de uma criança
   ou de um iniciante..60
   Na primeira fila... 64
   Imagina só se isso funcionar 65
   A árvore e as babuchas 66
   As tartarugas... 68

3. Não se comparar com os outros 70
   Coma, meu casaco, coma tudo!.................... 74
   Qual é meu valor?...................................... 76
   A gorjeta.. 77

4. Saber reconhecer as próprias contradições...........78
   De acordo com a conveniência......................82
   Tudo na devida proporção 83
   A aposta e a vela..84
   Uma vida de gato.......................................87
   Os conselhos...89
   A ambição...91
   O abanador celeste.....................................92
   A sopa de pato 93

5. **Mudar de olhar** 94
   Quem está ao contrário? 98
   A caça ao urso 100
   O ladrão 102
   A oferta e a procura 104
   A vida pertence a quem se levanta tarde 105
   O rei falou comigo 106
   Você também tem razão 107
   O fiscal aduaneiro 108
   A corrida no deserto 109
   Nasrudin perde seu burro 110
   Figos ou melões 111
   Lua ou Sol 112
   Por que vocês estão aqui? 113

6. **Não confundir o relativo e o absoluto** 114
   O lago e o balde 118
   A camisa 120
   A oração 121
   A boa casa 122
   Quem quer ir para o paraíso? 123
   Negociações 125
   A perda do burro 126
   A ajuda de Deus 127
   Não há mais ninguém por aí? 128

7. **Identificar as armadilhas do ego** 130
   Uma fatia de halva 137
   O que me separa de um imbecil? 138
   Os sacos de grãos 139
   O pequeno e o grande fim do mundo 140
   As apresentações 141
   A morte do sultão 143
   A vontade divina 145
   Compartilhar pela metade 146
   As lágrimas de Tamerlan 147

8. **Livrar-se do olhar dos outros** 148
   Nasrudin, seu sobrinho e o burro 152
   Sou servo de quem? 155
   Nasrudin espanta os tigres 157

9. **Colocar-se no lugar do outro** 158
   Na contracorrente 161
   O avarento 162
   O cobertor 163
   Não vejo dez burros, vejo onze 164
   A justiça social 167

10. **Libertar-se das próprias fabricações mentais** 168
    O sonho do filho 171
    A mulher e o amante 172
    A sonoridade do trabalho 174
    Distribuição de doces 176
    Nove moedas bastam 177
    O frio 178
    O valor do burro 179

11. Ter consciência do valor da vida 182
    Escolher sua própria maneira de morrer 186
    O camelo fabuloso 187
    A coisa mais preciosa da casa 191

12. Contentar-se com a simplicidade 192
    O pote de mel 197
    A carne ou o gato 199
    A curiosidade 201
    O pote de terracota 203
    A metade da recompensa 205
    Na mesquita 207

13. Ser lúcido 210
    No jardim do vizinho 215
    A lanterna 217
    Um rouxinol muito jovem 218
    Uma pergunta muito difícil 221
    O varal 222
    O peru que pensa 223
    Dons fora do comum 224
    Nasrudin e o chinês 225
    Como os burros leem 226
    A palavra de um burro 227

14. Agir de maneira justa 228
    Os bandidos 231
    O soluço 232
    Nasrudin médico 234
    A ameaça 235

15. Ser autêntico 236
    O ministro dos elefantes 240
    Correr debaixo da chuva 242
    A idade 244
    O segredo 245
    A cabeça esquecida 246
    A vaca 248

16. Conhecer a si mesmo, mas como? 250
    Ninguém sabe de verdade 254
    Você também mudou de nome? 255
    Sou eu mesmo? 256
    O albornoz de Nasrudin 257
    O viajante de Bagdá 258
    Eu sou esse nada 259

Mulá Nasrudin, uma sabedoria universal 261

Agradecimentos 265

Dos mesmos autores 268

"QUEM SOU EU?"

"PARA ONDE VOU?"

"A VIDA?"

"O AMOR?"

"EU EM TUDO ISSO?"

"A FELICIDADE?"

HOJE COMO ONTEM OS HOMENS SE FAZEM AS MESMAS PERGUNTAS...

Por que este livro?

As histórias de Nasrudin viajaram por grande parte do mundo muito antes de nós contribuirmos para torná-las conhecidas. Elas são contadas tanto na Índia, com outros nomes, como no Irã e na Turquia, um pouco como são narradas as *Fábulas* de La Fontaine, que refletem e têm origens comuns com os contos orientais e as fábulas antigas.

Elas têm uma qualidade universal e atemporal. Uma das razões pelas quais nos sentimos próximos delas é que podem ser facilmente traduzidas, não importa em que país, contexto, cidade, palácio, mesquita, igreja ou templo. Existem centenas delas, numa infinidade de formas, já que cada pessoa conta as histórias à sua maneira.

Matthieu: "Conheço as histórias de Nasrudin desde criança. Quando eu era adolescente, Salim Michael, um sufi iraquiano que às vezes vinha nos visitar, contava as aventuras desse pitoresco personagem. Na casa do Dr. Frédérick Leboyer, que para mim era como um tio, li os livros de Idries Shah, o célebre poeta e autor da tradição sufi, responsável por uma coletânea que inclui muitas das histórias de Nasrudin. Sou muitíssimo grato a ele por ter me transmitido esse gosto pelas narrativas de sabedoria. Desde então, sempre senti um grande prazer em contar eu mesmo essas histórias. Por trás do humor, existe uma profundidade, um convite ao discernimento e à liberdade interior que fico feliz em compartilhar.

Quando ouvi Ilios contar essas histórias, por ocasião das Journées Émergences, descobri nele um cúmplice perfeito".

Ilios: "Sempre gostei de histórias. Das que minha mãe me contava antes de dormir, das que iluminaram minha infância como *A Odisseia*, ou o *Épico do Rei Gesar*, o famoso herói tibetano. O psiquiatra Milton Erickson, que tratava de seus pacientes contando histórias, me marcou profundamente. Descobri Nasrudin graças aos contadores de histórias e aos conferencistas que relatavam as aventuras do Mulá para ilustrar algum argumento sobre a sabedoria. Depois disso, li os contos dervixes e as histórias de Idries Shah.

Quando encontrei Matthieu, fiquei impressionado com o número de histórias de Nasrudin que ele conhecia e com a alegria que ele sentia em contá-las. Descobrimos nossa predileção comum por esse personagem durante as Journées

Émergences (criadas por Caroline Lesire e Christophe André). Desde a primeira edição, em 2009, temos contado as histórias de Nasrudin tanto em cena como nos bastidores. E continuamos a fazer isso durante os dez anos que se seguiram.

Muitos participantes e amigos têm nos perguntado regularmente como ouvir de novo essas histórias, e isso nos levou a conceber esta obra".

I

Ao encontro de Nasrudin

Nasrudin, o sábio louco

Dizem que, quando era pequeno, Nasrudin tinha a língua solta, e algo a dizer sobre tudo. E de uma maneira que deixava sem fala os adultos mais eruditos. Certo dia, um faquir passou pelo seu vilarejo. Como tinha ouvido falar do menino, o faquir decidiu dar-lhe uma boa lição. Ao cair da noite, acendeu uma vela e diante da assembleia reunida interpelou Nasrudin: "Ei, você! Parece que você tem sempre uma resposta para tudo. Poderia então me dizer de onde vem a chama desta vela?". Sem hesitar, Nasrudin assoprou a vela, apagou a chama e retrucou: "E você, faquir, é capaz de me dizer para onde a chama foi?".[1] Encontramos nessa história uma grande parte do que caracteriza a sabedoria de Nasrudin: imprevisível, irreverente, divertida, mas também paradoxal, profunda e sutil. É por isso talvez que Nasrudin seja um dos personagens mais conhecidos do mundo árabe-muçulmano e que sua sabedoria tenha ultrapassado fronteiras, despertando o interesse de muitos como nós. Metade deste mundo diz que ele é louco, a outra metade diz que ele é sábio. Quem pode saber?

---

1. Essa história evoca questões que os mestres tibetanos às vezes fazem a seus discípulos, quando perguntam de onde vem um pensamento antes de surgir na mente, e para onde ele vai depois de ter passado.

Nasrudin é um dos personagens mais conhecidos do mundo árabe-
-muçulmano.

Alguns autores acreditam que Nasrudin realmente existiu; outros, mais céticos, afirmam que se trata de uma invenção dos contadores de histórias. Segundo fontes seguras, ele teria vivido no século XIII, em Anatólia, atual Turquia, de onde se originam também dois grandes poetas e místicos sufis, Yunus Emre e Rumi. Ele teria se formado em teologia, e depois exercido diferentes profissões como preceptor, pregador, vendedor ambulante, juiz e almuadem.[2] Em certas histórias, ele aparece como uma espécie de juiz, um cádi; em outras, como alfaiate. Tem sobrenomes diferentes de acordo com as regiões: Joha, Goha, Jiha, J'ha, Hodja, Hocca, ou ainda Ch'ha, que significa "Aquele que atinge o objetivo, que extirpa, ou desenraíza".[3]

Ele é designado igualmente como o "Mulá Nasrudin". O nome "Mulá", ou "Mullah", vem do árabe *Mawlã*, que significa "Mestre". No mundo muçulmano, esse é um termo que permite dirigir-se a um erudito ou a um dignitário religioso de maneira respeitosa. Nesta obra, daremos ao nosso ilustre personagem o afetuoso nome de "Mulá".

---

2. Jean-Louis Maunoury, *Sublimes paroles et idioties de Nasr Eddin Hodja*, Phébus, coll. «Libretto», 2002.
3. Jihad Darwiche, «La Sagesse du simple. Contes de fous sages», *La Grande Oreille*, n° 57, 2014, p. 32-38.

De onde vêm essas histórias?

As histórias do Mulá Nasrudin pertencem ao patrimônio cultural do Oriente Médio há oito séculos. Elas são conhecidas por todo mundo. O renome e a sabedoria desse personagem popular são tão grandes que podemos encontrá-lo em países como Afeganistão, Azerbaijão, Armênia, Irã, Albânia, Bósnia, Bulgária, Marrocos e até mesmo na Índia.

O que constatamos é que, de acordo com as épocas e lugares, existem variantes culturais: os nomes e as profissões de nosso herói mudam, os detalhes e as situações também. Mas a sabedoria permanece. Inesperada, engraçada, implacável. Encontramos nela a magia da tradição oral, num tempo em que os livros eram raros, extremamente caros, e poucas pessoas sabiam ler. No Oriente Médio, nesses períodos de grande efervescência cultural, quem buscava sabedoria – encontrar um mestre, obter uma formação, comerciar – precisava caminhar durante meses, até mesmo anos, pelos continentes e à custa de aventuras perigosas. Imagina-se que no decorrer dos encontros esses viajantes compartilhavam as histórias do Mulá Nasrudin. A cada vez que isso acontecia, as histórias se enriqueciam com as experiências desses múltiplos passantes e, com eles, por meio de um inacreditável processo de inteligência coletiva, elas adquiriam vida. Foi em razão desse tempo de compartilhamento e de decantação que elas se tornaram fonte de sabedoria.[4]

A antologia mais antiga a chegar até nós data do século XVI e se intitula *Tratado do Idiota Perfeito*[5]. Título que ilustra a ambivalência do personagem, que oscila entre alguém de mente simplória e o grande sábio. Esse caráter paradoxal provoca atitudes contraditórias em relação a ele: as pessoas o perdoam por sua aparente ignorância e, ao mesmo tempo, ele é considerado fonte de ensinamentos.

De modo geral, o Mulá Nasrudin aparece como um homem comum: suas preocupações são iguais às de todo mundo. Entretanto, ele tem a resposta na ponta da língua e um senso de humor único. Sua capacidade de surpreender e sua visão da vida nos confrontam com uma forma de realidade que não percebemos de imediato: a princípio, ficamos desorientados.

Quanto aos textos que se seguiram a essa tradição oral, eles evidentemente não passam de reproduções, de interpretações modificadas através dos séculos por contadores de histórias e escritores. E a riqueza filosófica do personagem encontra-se precisamente na multiplicidade de pessoas e de línguas que no decorrer do tempo o retrabalharam e refinaram. Em nossa

---

4. Entrevista com Anne Meesters, contadora de histórias.
5. Jean-Louis Maunoury, «La Sagesse du simple. Contes de fous sages», *La Grande Oreille*, op. cit., p. 20-25.

opinião, Nasrudin está mais vivo do que nunca e, em tempos tão perturbadores como os que vivemos, seu olhar aguçado se torna ainda mais precioso.

Para que servem as narrativas?

"Por favor, me conta uma história..."
Mitos, fábulas, contos; em todas as culturas, a humanidade alimenta-se de narrativas. Elas quase sempre oferecem vários níveis de leitura e, além da diversão, apresentam as chaves para compreender o mundo e até mesmo para transformá-lo. Por isso, elas se tornam companheiras, bastões de peregrino em nosso caminho na busca da sabedoria.

São inúmeras as histórias que marcaram profundamente o imaginário coletivo dos povos: *A Ilíada* e *A Odisseia*, na Grécia; *O Ramaiana* e o *Mahabarata*, na Índia; personagens como Akhu Tonpa[6] e Drukpa Kunley[7] no Tibete; os contos de *As Mil e uma Noites* e as *Fábulas* de Rumi, no Oriente Médio; e as *Fábulas* de La Fontaine no Ocidente são exemplo disso.

---

6. Personagem ficcional do folclore tibetano conhecido por suas trapaças. [N.Ts.]
7. Lama budista tibetano do século XV. [N.Ts.]

A metade deste mundo diz que ele é louco, a outra metade diz que ele é sábio.

Compreender e organizar o mundo

Uma das funções ancestrais da narrativa é a compreensão do mundo. Talvez tenha sido assim que os primeiros homens tentaram explicar os fenômenos com os quais se defrontavam. Diante de questões tão misteriosas como "Por que o Sol nasce todas as manhãs?", ou "De onde vem a tempestade?", os mitos, contos, lendas e cosmogonias trouxeram respostas confortantes e explicações. Para outras questões da existência humana ainda mais insondáveis, como "De onde viemos?", "O que acontece depois da morte?", "O que estou vendo existe verdadeiramente?", eles construíram uma lógica na tentativa de dar sentido ao que existe. Segundo o historiador Yuval Noah Harari[8], foi exatamente graças à sua capacidade de criar histórias de ficção comuns que o *Homo sapiens* suplantou outras espécies humanas, principalmente o *Homem de Neandertal* e o *Homo erectus*. Essas grandes narrativas, nas quais todo um grupo de indivíduos acredita e às quais se refere, permitiram ao *Homo sapiens* colaborar em grande escala e se

---

8. Yuval Noah Harari, *Sapiens. Uma breve história da humanidade.* Tradução de Janaína Marcoantonio. Porto Alegre, RS : L&PM, 2015.

organizar. Fundada na confiança, essa cooperação abriu caminho para a prosperidade da espécie. Lentamente, as narrativas foram ficando mais complexas e permitiram assim transmitir a cultura, os códigos sociais, além de comunicar informações necessárias à organização da sociedade. O que pensar da hierarquia entre os humanos? Por que a raiva é uma péssima conselheira? Ou a inveja é perigosa? Como encarar o olhar da sociedade? Nesse processo, as narrativas formam e consolidam uma identidade coletiva em tempos difíceis.[9] Paralelamente, quando revelam o percurso iniciático de um personagem que segue para uma nova etapa de vida, as narrativas refletem os estados emocionais, as angústias universais e os conflitos internos vividos em diferentes épocas e ligados a períodos de transição. Esse é particularmente o caso dos contos populares.[10]

---

9. Anna Angélopoulos, «La Sagesse du simple. Contes de fous sages», *La Grande Oreille*, op. cit., p. 49-50.
10. Entrevista com Anne Meesters, contadora de histórias.

Buscar a sabedoria fora dos caminhos habituais

Além disso, narrativas e contos sempre foram muito importantes nas vias da sabedoria. Místicos de todas as culturas e tradições utilizaram as histórias como um meio de transmitir esses saberes e como um instrumento para abrir corações e esclarecer mentes. Isso porque, de um modo imperceptível, as histórias têm o poder de mover fronteiras e ultrapassar as barreiras que dividem o mundo. De repente, tomamos consciência de realidades que fogem à razão. O conto ocupa um lugar à parte no *corpus* da tradição oral: ele se caracteriza por seu lado híbrido e pela diversidade de formas e evoluções pelas quais tem passado através dos tempos. Divertido ou filosófico, leve e didático, popular ou erudito, falsamente infantil, o conto propicia diferentes níveis de leitura. Certamente folclórico e culturalmente determinado, o conto continua sempre universal. Maravilhoso, ele, no entanto, se mantém em estreita ligação com o mundo real. Ou seja, escapa das classificações.

Por sua aparente leveza, o conto é acessível a todos os ouvidos: jovens, idosos, ricos, pobres, eruditos ou ignorantes, qualquer um pode compreendê-lo. Seu estilo gera um clima de abertura e de

prazer e abre as portas para a transmissão de ensinamentos, evitando os perigos da moralização peremptória e da intelectualização pretensiosa.
"Uma imagem vale mais do que um longo discurso", diz o adágio popular. À sua maneira, o conto segue o mesmo princípio: ele fala de nós e de nossos percalços sem nos situar como alvos. Seu objetivo é tocar o coração e evitar as lições muito longas, por vezes pedantes e complicadas, que podem ser encontradas nos discursos filosóficos. Uma piada do Mulá é um recurso que não reduz o conteúdo de sabedoria que ela veicula, do mesmo modo que uma charge humorística bem-feita, como nosso cúmplice Gabs tem a genialidade de fazer, toca as pessoas sem trair a essência da mensagem.
Por seu caráter inclassificável, os contos nos educam para pensar de uma forma particular, nutrem a mente e, ao mesmo tempo, ampliam o espaço de compreensão, aguçando nossa capacidade de percepção e de pensamento crítico. Eles permitem a livre manifestação da palavra, seja ela do sábio, do insubmisso, do clarividente, do excluído.
Os contos reúnem em torno deles homens e mulheres em busca de sabedoria e de liberdade.

Místicos de todas as culturas utilizaram as histórias como um meio de transmissão desses saberes, e um instrumento para abrir corações e esclarecer as mentes.

Por que as histórias de Nasrudin são peculiares?

O modo de pensar de Nasrudin não se baseia nos princípios elementares de dedução e de lógica das pessoas em geral. O absurdo, a astúcia e, é claro, a imprevisibilidade conferem um sabor especial às suas aventuras. Em certos aspectos, suas histórias fazem pensar nos *koans*[11] da tradição zen. Nas curtas trocas entre um mestre e um discípulo, como acontece nos contos do nosso amigo Mulá, a lógica comum não dá bons resultados. Encontramos nos *koans* o mesmo uso do paradoxal e do absurdo. Entretanto, eles se distinguem pelo fato de que, com o Mulá, o fracasso quase sempre revela uma divertida lição, enquanto os *koans*, com grande frequência, continuam enigmáticos para os simples mortais.

A figura do sábio, livre das convenções prosaicas, pode ser encontrada em todas as tradições espirituais. Como revela a história de Patrul Rinpoche, um eremita errante do século XIX, conhecido como um dos mais venerados mestres do budismo tibetano de sua época, mas cuja aparência era a de um nômade maltrapilho:

---

11. No zen-budismo os *koans* são questões, narrativas ou afirmações cujas explicações são inacessíveis à razão. Seu objetivo é a iluminação espiritual do praticante. [N.Ts.]

"O Eminente Kathok Situ[12], um grande lama do Monastério de Kathok, no Tibete Oriental, convidou Patrul para um chá e um almoço em sua residência. Depois de ter se instalado nos faustosos apartamentos, Patrul olhou ao seu redor e exclamou:

'Como tudo aqui é luxuoso! Todo mundo sabe que o Monastério de Kathok e seus lamas são prósperos, mas você parece ser o mais rico de todos. Olhem só essas magníficas caixas incrustadas! Esses objetos rituais em ouro e prata! Essas suntuosas vestimentas de brocado! Essas preciosas xícaras de porcelana chinesa! Qualquer um poderia pensar que está num reino celestial. Isto é realmente fascinante!'.

Patrul então se inclinou e, em tom de confidência, murmurou ao ouvido de Kathok:

'Eu de fato não tenho praticamente nada, exceto uma chaleira de barro. Ouvi dizer que você em breve irá viajar. Será que seria muito incômodo levar minha pequena chaleira junto com todas suas coisas? Por mim, prefiro viajar com a bagagem leve!'.

'Eu levarei sua chaleira', respondeu Kathok Situ, consciente da reprimenda implícita nas palavras de Patrul.

Pouco tempo depois, Patrul deixou o monastério e partiu. Kathok Situ, por sua vez, também partiu sem dizer nada a ninguém. Renunciou a todos os seus bens, à sua fortuna,

---

12. O segundo Kathok Situ, Chokyi Lodro Ogyan Tenpa Namgyal.

sua comitiva e ao conforto, deixou o monastério e foi em direção às neves brancas do Glaciar Dokam, onde passou o resto da vida como eremita. Viveu na solidão e na simplicidade, trocando suas xícaras de porcelana por uma simples tigela de madeira."[13]

A necessária atenção

As histórias do Mulá Nasrudin exigem plena atenção: não se pode compreender as aventuras desse sábio maluco com ouvidos distraídos. É impossível interromper uma história tão estimulante, e nenhuma palavra, nenhuma descrição é demais. A história é compartilhada pelo que ela é, e com o tempo ela talvez se desenvolva em nós.

O que se pode aprender a respeito do tipo de escuta necessário que o Mulá Nasrudin exige de nós? Que, por exemplo, temos a tendência de preparar uma resposta assim que alguém começa a falar conosco. E que, como nos encoraja Nasrudin, se suspendermos nossos julgamentos habituais poderemos extrair a substância essencial da situação que se apresenta.

---

13. Extrato simplificado de *Le vagabond de l'Éveil. La vie et les enseignements de Patrul Rinpoché*, tradução do tibetano para o inglês por Matthieu Ricard, e do inglês para o francês por Carisse Busquet, Plazac: Éditions Padmakara, 2018.

O humor libertador

Outra característica das histórias de Nasrudin é o humor libertador e vitalizante que nosso herói demonstra. Com frequência, ele mesmo é o primeiro objeto de suas piadas; ele não se leva a sério, o que já é uma qualidade. Sendo a imperfeição uma condição humana e universal, essas histórias aproximam as culturas e os pertencimentos: todos rimos desses percalços e fraquezas que refletem os nossos.
Entretanto, as piadas do Mulá Nasrudin jamais são mesquinhas, nem cínicas. Mesmo sobre os assuntos considerados mais tabus, os protagonistas são esclarecidos, jamais humilhados. Quando, por vezes, o humor acontece à custa do outro, o Mulá Nasrudin, sempre inclusivo e irreverente, alivia a situação mais do que complica e não tira vantagem das fraquezas do outro: rimos "com" o outro e não "do outro".
A única exceção a esse princípio são os poderosos, que às vezes são colocados em seu devido lugar, mas isso por causa da função que exercem e não de sua pessoa: com sua genialidade, nosso herói reitera suas pretensões, mas nunca rebaixa os outros como seres humanos.
Com seu bom humor, o Mulá Nasrudin se liberta das convenções: ele jamais hesita em dizer

suas verdades, seja ao vizir ou ao sultão, muitas vezes arriscando a própria vida, mas no fim acaba se salvando com uma última pirueta. Além disso, nas histórias de Nasrudin, todas as categorias sociais estão representadas, do príncipe ao mendigo, da criança ao idoso, do erudito ao ignorante. Consideradas em seu contexto histórico, essas narrativas nos esclarecem a respeito do controle que a sociedade e as convenções sociais exerciam sobre seus contemporâneos. Seu objetivo é abrir nossos olhos para o mundo.[14] O conformismo social e as desigualdades que hoje nos aprisionam não são coisas novas: podemos encontrá-las em todas as épocas da história da humanidade.

A não fixação

Não se levar a sério, não se fixar de maneira rígida a pontos de vista, que quase sempre refletem uma visão limitada da nossa identidade, já representa uma etapa importante no caminho da sabedoria. Por isso, e pelo fato de que nos convidam a rir de nós mesmos e de nossas certezas, as histórias

---

14. Jihad Darwiche, «La Sagesse du simple. Contes de fous sages», *La Grande Oreille*, op. cit.

de Nasrudin têm um caráter salutar. Nosso herói rompe com a monotonia dos raciocínios habituais, dos automatismos *mentais*. Ele ensina na prática a se reconectar com a criatividade, com a imaginação, a sair do próprio quadrado, e tudo isso com uma lógica quase sempre implacável. Sua genialidade está em nos fazer tomar consciência de que não temos controle sobre os outros, nem sobre as coisas que nos rodeiam. Ao ler esses contos, somos convidados a nos perguntar: se não são as convenções mundanas, nem a preocupação com o que os outros vão dizer, o que me impede de ser quem desejo ser? Essas histórias nos questionam a respeito de nossas próprias barreiras e sobre as razões que usamos para não nos realizar plenamente.[15]
O personagem não ouve o que ele mesmo diz e detesta as lições *ex cathedra*, que para ele não têm o menor sentido: elas não fazem surgir nada de novo nas mentes. Do mesmo modo, ele se inscreve na lógica do "Nada do que você diz é importante, o que importa é o que você faz". É por isso que, frequentemente, vamos encontrá-lo em situações absurdas, exibindo comportamentos inesperados.

---

15. Entrevista com Anne Meesters, contadora de histórias.

Pelo fato de que nos convidam a rir de nós mesmos e de nossas certezas, as histórias de Nasrudin têm um caráter salutar.

A surpresa

Nasrudin intriga e nos faz rir, e, pelo fato de nos surpreender, ele nos permite acolher a sabedoria que acompanha suas façanhas. Cada uma de suas aventuras induz a um ligeiro momento de suspensão dos conceitos, o tempo que a mente se concentra nela... antes do desfecho da história. Segue-se então o riso, acompanhado de uma espécie de júbilo diante do imprevisto que subitamente se revela. Esse processo quebra nosso modo de pensar habitual. Em um segundo, nos damos conta da lógica que existia oculta aos nossos olhos. Um pouco como acontece quando um adversário consegue fazer um bom lance no xadrez: xeque-mate, somos vencidos, mas de maneira elegante. Esse hiato – essa surpresa que provoca o riso – também está profundamente ligado à profundidade que emana de uma narrativa aparentemente anódina. Mesmo se não formulamos isso de modo conceitual, entrevemos uma forma diferente de entender as coisas.
Foi também por essa razão que escolhemos apresentar as histórias sem comentá-las, simplesmente reagrupando-as em temas.
Delas emana um frescor, e isso já é suficiente.

Como utilizar este livro?

A sabedoria de Nasrudin é uma sabedoria do cotidiano. Ela se refere às pequenas e grandes questões da vida: a opinião social, a cobiça, a morte, a possibilidade de mudar a maneira de ver as coisas, a confiança, o desapego e a coerência interior.

    Selecionamos nossas histórias preferidas, aquelas que nos tocam o coração, e as classificamos em 16 grandes temas a fim de fornecer às leitoras e leitores as pistas sobre o sentido que cada uma delas pode ter. Mas essas são apenas proposições. As histórias soarão de modo diferente para cada um de nós, em função do momento de vida em que as lemos, do contexto de nossa história pessoal. E é essa a magia dessas narrativas.

    O Mulá Nasrudin é inclassificável, não é prisioneiro de nenhum dogma. Ele habita um pouco a mente de quem conta a história, na escuta de quem a recebe e, sobretudo, na relação entre os dois. Tudo passa a ser, então, uma questão de contexto. Sendo assim, encontramos Nasrudin, particularmente nas tradições sufis, na denúncia impertinente dos abusos de poder, quaisquer que sejam eles, e no questionamento das convenções sociais. Para nós, ele representa um convite à liberdade interior.

Encontramos Nasrudin particularmente nas tradições sufis, na denúncia impertinente dos abusos de poder, quaisquer que sejam eles, e no questionamento das convenções sociais.

Sentimos grande prazer em escolher, preparar e contar essas histórias no livro e no CD que gravamos. Esperamos que vocês sintam o mesmo prazer ao descobrir, ler e ouvir esta obra, e talvez mesmo em compartilhá-la. Já que é disso que se trata: compartilhar nossas bizarrias, nossas sabedorias, nossa humanidade comum, a fim de contribuir para um *viver-junto* mais harmonioso.

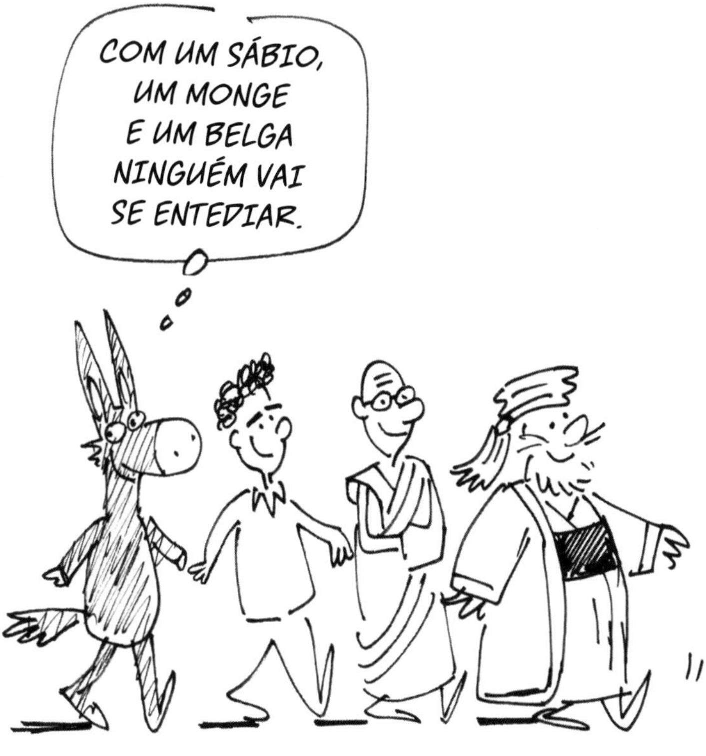
COM UM SÁBIO, UM MONGE E UM BELGA NINGUÉM VAI SE ENTEDIAR.

II

As extraordinárias histórias de Nasrudin

1.
O saber conduz à sabedoria?

> "Para ter conhecimento, acrescente coisas a cada dia. Para ter sabedoria, suprima coisas a cada dia."
>
> Lao-Tsé

O que é necessário saber para ser sábio? Muita gente tem a sensação de que a sabedoria é algo inacessível, que comporta uma infinidade de conhecimentos que elas se julgam incapazes de adquirir, pressupondo leituras aparentemente fora de seu alcance. Mas a sabedoria seria mesmo um acúmulo de conhecimentos?

Todos nós conhecemos pessoas que têm um saber e uma cultura imensos e que, no entanto, não parecem conduzir sua vida com sabedoria, nem com benevolência. Em contrapartida, também conhecemos indivíduos que têm pouca bagagem intelectual, mas que vivem uma vida exemplar, sensata e feliz. Num sentido mais amplo, um homem ou uma mulher de ciência nem sempre é um sábio, do mesmo modo que um sábio não é forçosamente um homem ou uma mulher de ciência.

É possível acumular conhecimentos de todos os gêneros infinitamente; é possível aprender inumeráveis detalhes sobre a maneira como funciona a inteligência artificial, sobre a temperatura das estrelas ou a reprodução das flores. Por mais interessante que seja esse esforço, ele não é indispensável para viver uma vida que tenha sentido, nem para aprender a se libertar dos preconceitos, dos medos e dos condicionamentos que nos fazem sofrer.

Saber e sabedoria são antinômicos? Se o saber não é necessário para adquirir a sabedoria, não se pode afirmar com isso que ele impede o acesso à sabedoria. O volume fenomenal de informações de que dispomos hoje em dia, principalmente através da internet, evidencia mais claramente do que nunca a diferença entre informações, conhecimentos e sabedoria. Tudo depende das nossas intenções e do motivo pelo qual queremos usar nossos conhecimentos. Podemos acumular saber por interesse próprio, para nosso trabalho, para nos destacar socialmente, e até mesmo para finalidades nocivas ao outro. Ou podemos colocar nosso saber a serviço do bem e dos outros, como fazem certos cientistas que salvam vidas e trabalham pelo bem do planeta. Essa é uma finalidade da sabedoria que propõe utilizar os conhecimentos em prol de uma vida melhor.

O Mulá Nasrudin nos convida a agir levando em conta a diferença entre uma sabedoria essencial para a conduta de nossa existência e todas as espécies de conhecimentos que são facultativos.

Conta-se que, no tempo de Buda, havia um brâmane que não parava nunca de lhe fazer perguntas: "Qual é a origem disso? Qual a origem daquilo?". E, na maioria das vezes, Buda não respondia. Certo dia, ele estava sentado numa clareira, quando pegou um punhado de folhas nas mãos e perguntou ao brâmane: "Existem mais folhas dentro das minhas mãos ou na floresta?". Ao que o brâmane respondeu: "É claro que existem mais folhas na floresta do que em suas mãos". E o Buda concluiu: "Acontece o mesmo com o conhecimento, podemos ter muitos conhecimentos, mas poucos deles visam a libertação do sofrimento e a iluminação suprema".

O Mulá Nasrudin nos convida a agir levando em conta a diferença entre uma sabedoria essencial para a conduta da nossa existência e todas as espécies de conhecimentos que são facultativos. Ele questiona as ambições daqueles que desejam saber tudo e se orgulham disso. Usar o saber e a sabedoria são atitudes diferentes, mesmo que possam estar ligadas. Podemos nos perder e perder o contato com a existência em um saber livresco, mental. A sabedoria refere-se a uma arte de viver em contato direto com a vida.

Para se abrir à sabedoria, às vezes é necessária até mesmo uma interrupção brutal dos encadeamentos mentais, das maneiras habituais de se conhecer o real. Essa súbita e desconcertante suspensão permite ver as coisas de modo diferente e com mais profundidade. Inumeráveis histórias, principalmente da tradição zen, contam como os mestres se sentem subitamente iluminados sob o efeito de um tapa. Para responder à pergunta do velho monge Ting, "Qual é o principal objetivo do budismo?", o mestre Lin-Tsi esbofeteou o monge, que então despertou para a verdade do zen.[1] É claro que aquele era o momento certo e a pessoa certa. Em outras circunstâncias, o mesmo gesto teria provocado cólera…

É de acordo com essa lógica paradoxal que o Mulá Nasrudin trabalha: quando nos confronta com o inesperado, ele nos faz sair das nossas prisões mentais.

---

1. José Le Roy, *Le Saut dans le vide*, Paris: Almora, 2011.

O barqueiro

Houve uma época em que Nasrudin era barqueiro. Ele tinha um barco para transportar pessoas de uma margem para outra de um grande rio.

Certo dia, ele recebe como passageiro um eminente erudito. Os dois entabulam uma conversa e, em dado momento, Nasrudin comete um grave erro gramatical.

O erudito interrompe a conversa, lança um olhar atônito para Nasrudin e, num tom um pouco reprovador, pergunta:

— Mas, Nasrudin, você nunca aprendeu gramática?

— Claro que não — responde ele.

— Então, Nasrudin, você perdeu metade da sua vida!

Impassível, Nasrudin continua a remar. Um pouco adiante, ele se volta para o erudito e devolve:

— Diga-me uma coisa, nobre erudito, você aprendeu a nadar?

— Não — responde o homem.

— Bom, nesse caso você vai perder sua vida inteira, pois o barco está afundando!

De onde vem o som?

Um dervixe errante, de passagem pelo vilarejo, decide exibir sua sabedoria para Nasrudin. Pega então um sino, começa a badalar, e pergunta:

— Nasrudin, de onde vem o som? Do sino ou da minha mão?

Enquanto o dervixe espera a resposta com seu ar malicioso e um pouco condescendente, Nasrudin de súbito lhe desfere uma magistral bofetada no rosto:

— E aí, doutor dervixe, de onde vem o som, da minha mão ou da sua bochecha?

As perguntas

Sempre em busca de expedientes para dar um jeito de não terminar o mês no vermelho, Nasrudin se instala na praça do mercado segurando um pequeno cartaz que diz: "Por cinco dinares eu respondo a três questões, quaisquer que sejam elas, por mais difíceis que possam ser".

Um curioso se aproxima e, interessado, paga os cinco dinares, mas não deixa de demonstrar seu sarcasmo:

— Nasrudin, cinco dinares por três perguntas, você não acha um pouco caro demais?

Nasrudin olha para ele placidamente e responde:

— Sim, de fato! E quais são suas duas outras perguntas?

Um famoso sermão

Os habitantes do vilarejo pedem a Nasrudin que compartilhe com eles alguns de seus ensinamentos. Após inúmeros pedidos, ele acaba consentindo.

Logo ao anoitecer, Nasrudin se senta num trono improvisado diante da assembleia de aldeões e de seus vizinhos, moradores das casas ao redor.

— Aqueles que sabem o que vou dizer, levantem a mão! — diz ele.

Silêncio geral. Ninguém levanta a mão.

Nasrudin franze os sobrolhos, levanta-se da cadeira e declara:

— Não falarei diante de uma plateia de ignorantes.

— Nasrudin, por favor, tenha piedade de nós; fique, esclareça-nos com seus ensinamentos! — imploram os chefes da aldeia.

— Pretendo voltar amanhã — ele avisa. E sem nenhuma explicação, vai embora.

No dia seguinte, Nasrudin volta, senta-se de novo no pequeno trono e faz a mesma pergunta para toda a assembleia:

— Quem sabe o que vou dizer, levante a mão!

Dada a experiência da véspera, todos levantam a mão.

— Se vocês já sabem o que vou dizer, então não vale a pena eu falar — argumenta Nasrudin, levantando-se para partir.

Um sentimento de consternação invade a assembleia. Os chefes do vilarejo pedem mais uma vez:

— Nasrudin, seja bondoso, esclareça-nos com sua sabedoria.

E Nasrudin mais uma vez concorda.

No outro dia, ele se senta no trono de novo, olha fixamente para a plateia e pergunta:

— Quem de vocês sabe o que vou ensinar?

Um pouco indecisa, metade das pessoas levanta a mão, a outra metade fica calada. Nasrudin encara um a um e, à guisa de conclusão, declara subitamente:

— Tudo bem! Então, agora aqueles que sabem que ensinem os que não sabem.

A pergunta da pergunta

Certo dia, alguém pergunta a Nasrudin:
— Por que você sempre responde a uma pergunta com outra pergunta?
— É sério? Quando é que vocês me ouviram fazer isso? — pergunta Nasrudin, surpreso.

2.
Ter a mente de uma criança ou de um iniciante

> "A mente de um iniciante tem muitas possibilidades; a de um perito, poucas."
>
> SHUNRYU SUZUKI

Vocês se lembram de como percebiam o mundo quando eram crianças? A capacidade de maravilhamento que tinham diante de coisas extremamente comuns, como o andar de uma formiga ou a forma de uma nuvem? A curiosidade infinita e a sede de aprender? A criatividade que parecia sem limites? O que costumamos chamar de irreverência não seria, de fato, o sinal de uma mente ainda não conformada?

A mente do iniciante assemelha-se à da criança, não se contenta com convenções e ideias prontas. Ela está aberta para vislumbrar algo completamente novo em que ninguém ainda havia pensado e que, *a priori, s*upostamente não funciona ou pode parecer absurdo.

Como afirma o prêmio Nobel de Física Murray Gell-Mann, no campo da física a criatividade não está em resolver problemas, mas sim em fazer boas perguntas. Para ele, é quando os pesquisadores renunciam ao pensamento discursivo e se encontram num estado mental não especulativo (a mente do iniciante), que, de uma maneira bastante original e inesperada, subitamente surge a solução. Uma pesquisa em neurociências demonstrou, por exemplo, que para ser criativo era preciso sair dos percursos habituais, já que o cérebro deve se livrar das ideias dominantes para poder explorar outras vias.[1] Henri Poincaré conta que refletiu meses a fio sobre um problema matemático complexo sem encontrar a solução. Foi descendo os degraus de um ônibus que, com a subitaneidade de uma fulgurância, tudo se desvendou em sua mente.

Todos conhecemos esses momentos em que buscamos ter uma ideia, tomar uma decisão, sem conseguir chegar a nada. E aí, ao acordar pela manhã, ou ao caminhar em algum bosque, a resposta surge com clareza.

Funcionamos com base em automatismos adquiridos ao longo da vida. Automatismos que, incontestavelmente, são bastante úteis para enfrentar o mundo com maior facilidade.

---

[1]. Luft, C. D. B.; Zioga, I.; Thompson, N. M., Banissy, M. J. e Bhattacharya, J., «Right temporal alpha oscillations as a neural mechanism for inhibiting obvious associations», *Proceedings of the National Academy of Sciences*, vol. 115, n° 52, 2018, p. E12144-E12152.

Nasrudin olha o mundo de uma maneira inabitual. À primeira vista, suas palavras podem parecer absurdas, mas elas nos permitem explorar novos horizontes.

Pensem no incrível equilíbrio representado no fato de andar de bicicleta: no começo é quase impossível pensar ao mesmo tempo no guidão, nos pedais, em dosar o esforço, em se preparar para frear, em prestar atenção nos outros. E, no entanto, conseguimos fazer tudo isso. Em parte, porque a repetição de certas ações por meio do treinamento tornou-as automáticas.

Do mesmo modo, diante da complexidade do mundo, ter uma ideia preconcebida de uma situação ou de alguém dá a impressão de prever melhor e controlar o que poderia ocorrer. Mas o que parece uma vantagem protetora pode trazer o risco de nos enrijecer: esses automatismos nos desconectam continuamente da vida e são um empecilho para a criatividade, que se baseia no desconhecido. Com o tempo, corre-se o risco, também, de considerar garantido tudo o que acontece de bom em nossa existência, e assim enfraquecer nossas capacidades de maravilhamento e de gratidão.

Nasrudin olha o mundo de uma maneira inabitual. À primeira vista, suas palavras podem parecer absurdas, mas elas nos permitem explorar novos horizontes. Essas histórias vêm animar uma nova mente, que não hesita em se afastar das verdades admitidas, das convenções adquiridas, dos percursos habituais, dos pressupostos, dos *a priori*, e talvez sejam a chave para as verdadeiras descobertas. Como uma brisa de frescor que nos empurra para fora do contexto habitual.

Na primeira fila

Nasrudin está tranquilamente sentado num cruzamento, quando algumas pessoas se aproximam do local:

— Nasrudin, o que você faz aí, completamente sozinho, no cruzamento desses dois caminhos?

E Nasrudin simplesmente responde:

— Algum dia, alguma coisa importante acontecerá aqui. E nesse dia eu quero estar sentado na primeira fila.

Imagina só se isso funcionar

Nasrudin está no alpendre da sua casa misturando o leite energicamente com um bastão.

Um vizinho se aproxima e diz:

— O que você está fazendo, Nasrudin?

— Estou fazendo iogurte.

— Não é assim que se faz iogurte! — exclama o vizinho, surpreso.

— É verdade, mas imagina só se isso funcionar!

A árvore e as babuchas

Nasrudin tinha acabado de receber babuchas vermelhas novas em folha, ornadas com fios de ouro, quando encontra um grupo de jovens sentados ao pé de uma grande árvore.

Todos reparam nas babuchas vermelhas, mas um deles decide pregar uma peça em Nasrudin:

— Parece que você é excepcionalmente ágil. Sabe de uma coisa, Nasrudin, ninguém ainda conseguiu subir no topo dessa árvore. Você seria capaz de fazer isso?

— Claro que sim! — afirma Nasrudin, muito seguro de si.

Assim que começa a se preparar para subir na árvore, ele tira as babuchas e coloca as duas no bolso do casaco.

— Mas Nasrudin, você não precisa de seus sapatos para subir na árvore. Deixe-os aqui.

— Ah! — retruca Nasrudin. — Mas se ninguém jamais subiu nessa árvore, quem sabe talvez exista um caminho lá em cima, e nesse caso eu precisarei das minhas babuchas!

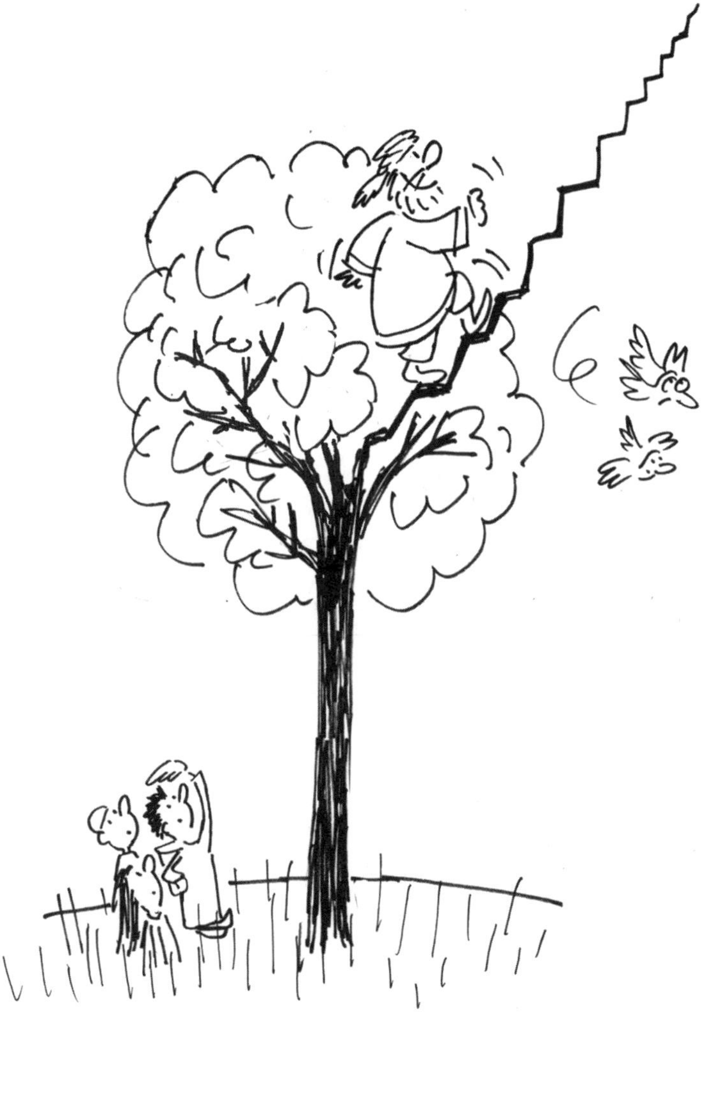

As tartarugas

Nasrudin está na praça do mercado com alguns amigos.

Um comerciante vendendo tartarugas fala alto e apregoa os méritos do animal.

— Aproximem-se, aproximem-se! Estas tartarugas podem viver até 200 anos!

— Não acredito em nada do que você diz — retruca Nasrudin ao passar pelo comerciante.

Cinco minutos depois, ele retorna, paga os dez dinares ao comerciante e compra as tartarugas.

Seus amigos não conseguem acreditar no que veem:

— Mas, enfim, Nasrudin, se você não acredita em nada disso, por que comprar as tartarugas?

— Quero verificar por mim mesmo.

3.
Não se comparar com os outros

"O que aumenta o sofrimento e gera a falta é a comparação."
ALEXANDRE JOLLIEN

"Nunca serás feliz enquanto te sentires atormentado por um homem mais feliz", já dizia Sêneca. O que as vias da sabedoria têm em comum é o fato de que todas elas propõem que nos afastemos da comparação. Somos continuamente levados a nos adequar a modelos que nossa cultura valoriza. Essa comparação, seja ela social ou material, baseia-se em critérios superficiais como a competição, o status, o êxito profissional ou financeiro. A tendência é privilegiar esses atributos em detrimento de outros valores mais intrínsecos, como o vínculo com os outros e a liberdade interior, coisas que na verdade são fonte de um bem-estar mais autêntico e durável.

Diversas pesquisas demonstraram que a comparação constante, principalmente nas redes sociais, aumenta as ruminações e agrava o risco de depressão. A pesquisa científica qualificou a comparação como um "ladrão de alegria".[1]

Atribuir importância indevida a fatores extrínsecos como fama, beleza física, riqueza, luxo, e fazer de tudo isso objetos de desejo, até mesmo de inveja, é agir contra a própria felicidade. Estudos científicos, bem como nossas experiências pessoais, evidenciam muito bem que privilegiar esses valores materiais e esperar obter deles um bem-estar durável não passa de ilusão: quando se organiza a vida em função de valores consumistas, o equilíbrio interior é negativamente afetado, além da qualidade das relações com os outros. Uma pesquisa científica demonstrou, por exemplo, que o materialismo não só tornava as pessoas mais ansiosas e deprimidas, como também menos sociáveis e mais egoístas.[2]

O apego a esses valores materiais pode nos levar a respeitar mais qualquer um que seja rico ou poderoso, sendo que, se

---

1. De Vries, D. A.; Moller, A. M.; Wieringa, M. S.; Eigenraam, A. W. e Hamelink, K., «Social comparison as the thief of joy: Emotional consequences of viewing strangers Instagram posts», *Media Psychology*, vol. 21, nº 2, 2018, p. 222-245.
2. Bauer, M. A.; Wilkie, J. E. B.; Kim, J. K. e Bodenhausen, G. V., «Cuing consumerism: Situational materialism undermines personal and social well-being», *Psychological Science*, vol. 23, nº 5, 2012, p. 517-523.

essa pessoa não tivesse poder, nós talvez nem olharíamos para ela. De qualquer modo, tem gente que muda completamente de atitude diante dos revezes da sorte de seus conhecidos.

Costuma-se dizer com frequência que é nesses casos que se conhece quem são os verdadeiros amigos, já que os falsos desaparecem instantaneamente: aliás, esse é o tema da peça teatral de Shakespeare, *Tímon de Atenas*.

Uma alternativa para essa falta de discernimento seria considerar a todos como seres que têm uma mesma aspiração – escapar do sofrimento e encontrar a felicidade –, assim como o potencial para alcançá-la. Reconhecer essa humanidade, bem como nossa senciência comum com as outras formas de vida – o fato de que somos seres sensíveis que distinguem o bem-estar do sofrimento –, faz com que jamais tratemos alguém em função dos rótulos, que nada têm a ver com as qualidades e a natureza fundamental do outro.

Com sua lendária impertinência, Nasrudin acaba com essas falsidades e expõe as máscaras que regem as relações humanas.

Somos continuamente levados a nos adequar a modelos que nossa cultura valoriza. Essa comparação, seja ela social ou material, baseia-se em critérios superficiais como a competição, o status social, o êxito profissional ou financeiro.

Coma, meu casaco, coma tudo!

Depois de um dia inteiro passado no campo, Nasrudin segue de volta para casa, mas suas roupas estão imundas. No caminho, passa diante de um grande palacete de onde se ouvem música e risos. Segundo o costume da época, sempre que há uma festa, todos e todas estão convidados a participar. Nasrudin se dirige então aos portões do palacete, contente com a ideia da boa noitada que poderá passar ali. Mas mal chega à soleira da porta, já é brutalmente expulso do lugar:

— Fora daqui seu miserável, aqui não é lugar de mendigos e vagabundos!

Desapontado, Nasrudin corre para casa, veste suas roupas mais belas, coloca seu casaco, reservado apenas para grandes ocasiões, e volta para a festa.

— Entre, senhor! — Exclama alguém calorosamente, escancarando a porta.

Nasrudin é imediatamente convidado a sentar-se no lugar de honra, bem ao lado do anfitrião, e então começam a lhe servir as mais delicadas iguarias. Sem a menor cerimônia,

Nasrudin pega a comida com as mãos e esfrega tudo no próprio casaco:

— Coma, meu casaco, coma tudo!

Em seguida, oferecem a ele os mais extraordinários vinhos. E Nasrudin logo derrama tudo em seu casaco:

— Beba, meu casaco, beba tudo.

— O que você está fazendo, infeliz, perdeu a cabeça? — pergunta o anfitrião aturdido com todo aquele caos.

— Não, não, amigo — responde Nasrudin. — Na verdade, compreendi que é meu casaco que é bem-vindo nessa casa e não eu. Por isso, é ele quem deve ser o convidado de honra do festim.

Qual é meu valor?

Na corte do grande sultão, Nasrudin encontra o soberano vestido com um suntuoso casaco de brocado.

Curioso, o sultão entabula uma conversa com ele:

— Nasrudin, se fosse o caso de colocar um preço em minha pessoa, quanto você acha que seria meu valor?

Nasrudin observa o soberano dos pés à cabeça e conclui:

— Dez mil dinares, talvez?

O sultão se surpreende:

— Mas Nasrudin, esse é o preço do meu casaco!

— De fato — confirma Nasrudin. — E no preço já está incluído o que ele contém.

A gorjeta

Um dia, Nasrudin entra em um caravançarai e pede uma refeição. Descuidado com sua aparência, como de costume, ele veste roupas velhas e puídas e exibe uma barba hirsuta. Os que servem as mesas não lhe dão a menor atenção e demoram muito para lhe trazer a comida, e isso não sem mostrar um certo desprezo.

Quando termina de comer, Nasrudin deixa de gorjeta uma moeda de ouro e parte sob o olhar atônito e um pouco envergonhado dos que o serviram.

Na semana seguinte, Nasrudin vai de novo comer no caravançarai. Dessa vez, todos se apressam ao seu redor para ver quem irá servi-lo primeiro, e o mais rápido possível. Eles lhe oferecem quitutes deliciosos, alguns delicados acompanhamentos, aguardando com impaciência o momento de entregar a conta e, enfim, receber a gorjeta.

Quando a refeição termina, Nasrudin, que havia comido extremamente bem, além de pagar a conta, deixa sobre a mesa uma moedinha feita de couro. Os que o serviram olham para ele desconcertados e muito decepcionados.

— Vejam só — declara ele. — Esta gorjeta é pela última vez que estive aqui, e a gorjeta anterior é pelo dia de hoje.

4.
Saber reconhecer as próprias contradições

> "Criamos nossas infelicidades com tal engenhosidade e refinamento que elas só se igualam à nossa inconsciência em nos reconhecer como seus autores."
>
> Paul Valéry

Nossa condição humana faz de nós seres cheios de contradições. Nossas motivações são permeadas de ambivalências, das quais com frequência não estamos conscientes. Os caminhos de sabedoria requerem discernimento em relação às nossas intenções profundas e nossas escolhas. Epicteto costumava dizer: "Se você quiser bens verdadeiros e méritos e, ao mesmo tempo, riquezas, você talvez não consiga obter essas últimas, já que desejou os dois primeiros; mas uma coisa é certa: você não obterá os únicos bens que trazem a liberdade e a felicidade".

Mais do que criar resistência, se opondo ao adversário, a genialidade de Nasrudin consiste em fazer com que ele enxergue suas próprias contradições, sem violência, usando o próprio contexto de referência do discordante, sua força. No aikidô, procede-se da mesma maneira: canaliza-se a força do oponente acompanhando-o, sem lhe conferir resistência. Levada ao extremo, essa é a própria lógica de ataque que fará o adversário cair com um mínimo de esforço.

Quando uma proposição é insensata, insistir até o fim numa argumentação racional pode revelar como ela é absurda, enquanto uma oposição frontal só teria alimentado a resistência. Trata-se de uma maneira não violenta e criativa de revelar a contradição. Considera-se a postura do outro a fim de permitir-lhe se libertar dela. Existe uma elegância paradoxal nesse modo de agir. De modo semelhante, quando sentimos alguma tensão, mesmo física, às vezes é melhor contrair ainda mais a área tensa para tornar-se claramente consciente dela antes de permitir que ela relaxe. Se lutarmos, correremos o risco de criar ainda mais tensão.

Para nós, não é fácil enxergar nossas próprias contradições, isso porque nossa tendência natural é selecionar e reter prioritariamente as informações que consolidam nossas opiniões, nossas ideias herdadas. Em psicologia esse mecanismo é denominado o "viés de confirmação"[1].

---

1. Em psicologia, o viés de confirmação indica um tipo de pensamento seletivo no qual a pessoa reitera e confirma crenças e ideias preconcebidas, e ignora tudo aquilo que as contradiga. [N.Ts.]

Mais do que criar resistência se opondo ao adversário, a genialidade de Nasrudin consiste em fazer com que ele enxergue suas próprias contradições, sem violência.

Mas é sempre com bondade e finesse que Nasrudin nos coloca frente a frente com as incoerências que pontuam os caminhos da vida.

De acordo com a conveniência

Nasrudin trabalha em seu ateliê de alfaiate quando chega alguém para vê-lo com uma encomenda muito particular. É um sujeito do vilarejo conhecido por ser extremamente minucioso, exigente e difícil de satisfazer.

— Eu gostaria que você me fizesse um traje espetacular — declara o cliente. — Mas não quero que ele seja nem branco, nem preto, nem azul, nem vermelho, nem verde.

— Tudo bem — conclui Nasrudin.

— E quando posso vir buscá-lo? — Pergunta o homem.

— Quando quiser, mas que não seja nem na segunda, nem na terça, nem na quarta, nem na quinta, nem na sexta, nem no sábado, nem no domingo.

Tudo na devida proporção

O Mulá Nasrudin está em seu ateliê de costura quando recebe a visita de um homem que lhe traz um único metro de tecido e explica:

— Com este tecido eu gostaria que você me fizesse uma camisa e uma longa jelaba.

E Nasrudin responde:

— Será difícil fazer tudo isso com um pedaço de tecido tão diminuto!

— Vire-se! — retruca secamente o cliente.

— Tudo bem, volte na semana que vem — declara Nasrudin.

Na semana seguinte o cliente volta e Nasrudin lhe entrega uma camisa e uma jelaba bem pequenas.

— Mas, Nasrudin, você está me entregando roupas de boneca, como quer que eu vista isso?

Nasrudin lança um olhar eloquente ao cliente e conclui simplesmente:

— Você que se vire!

A aposta e a vela

Numa noite fria de inverno, Nasrudin está no caravançarai com seus amigos tomando um chá bem quente e se divertindo com suas fanfarronices, como adora fazer.

— Aposto que posso passar a noite inteira lá fora, debaixo da neve, sem precisar de nenhum tipo de fogo — exclama ele.

— Isso é impossível, lá fora está muito frio! — argumenta um dos seus amigos, olhando a neve cair através da janela.

— Tudo bem. Se eu perder a aposta, vou convidar todos vocês para jantar amanhã na minha casa.

Dito isso, todos seguem para suas casas, enquanto Nasrudin se instala no meio da praça do vilarejo. Apesar do frio cortante, ele permanece ali impassível, decidido a ganhar a aposta. Para se aquecer um pouco, ele bate as mãos e os pés e olha fixamente para a chama de uma vela acesa numa casa vizinha, tentando com isso relembrar o calor do fogo, pelo menos na mente.

Finalmente, o dia amanhece. Nasrudin vai para casa esgotado e tremendo de frio, mas satisfeito de ter sobrevivido à prova e de ter ganho a aposta.

Curiosos, seus amigos chegam para visitá-lo e perguntam:

— Como você conseguiu ficar acordado e resistir a noite inteira nesse frio glacial?

— Fiquei olhando fixamente para uma vela acesa numa casa vizinha.

— Ah não... essa não — exclamam os amigos. — A vela produz calor e com isso você se aqueceu. Logo, perdeu a aposta.

Nasrudin argumenta, invocando o fato de que uma vela que estava a vários metros de distância não podia de maneira alguma aquecê-lo, mas os outros, salivando diante da ideia de um bom jantar, permanecem inflexíveis. Diante da situação, Nasrudin se vê forçado a oferecer aos amigos o prometido banquete.

Quando a noite cai, todos se apresentam à porta de Nasrudin, que os convida a se sentar.

— O jantar ainda não está pronto — avisa ele, desaparecendo em direção à cozinha.

Os convidados esperam por longo tempo, mas ninguém aparece.

Finalmente, perdendo a paciência, eles chamam Nasrudin e se oferecem para ajudar na cozinha, tentando apressar um pouco as coisas. Nasrudin aceita a oferta de bom grado.

Quando entram, eles percebem um grande caldeirão suspenso no átrio. O único fogo aceso ali é o da chama de uma vela, queimando há vários metros de distância do caldeirão.

— Apenas mais alguns minutos — anuncia Nasrudin com toda sua malícia —, isso não vai demorar muito para ferver. Afinal, como vocês mesmos já sabem, uma vela acesa produz muito calor à distância.

Uma vida de gato

Um vizinho de Nasrudin vem vê-lo um dia para lhe contar suas desgraças. Ele escuta o homem pacientemente. De súbito, enquanto o vizinho continua a se lamentar da própria sorte, a face de Nasrudin se ilumina:

— Você gostaria de se livrar da necessidade de trabalhar para sustentar sua família?

— Sim — responde o vizinho, que estava justamente reclamando do tempo que passava nas viagens de negócios.

— Você gostaria de fazer a sesta sob a sombra de uma árvore verdejante sempre que desejasse?

— Certamente — confessa o vizinho, com ares de quem está começando a gostar da coisa.

— Que tal passar seu tempo brincando, ou descansando, sem ter de prestar contas a quem quer que seja?

— Ah sim! — se regozija o vizinho, cujo rosto já reflete a expectativa de uma vida completamente diferente e tão sonhada.

— Você gostaria de receber afeto somente quando quiser, sem que ninguém te peça nada de volta?

— É exatamente isso que eu quero, Nasrudin! Você é mesmo clarividente! — diz o vizinho com entusiasmo.

— Então — conclui Nasrudin — tenho um bom conselho para lhe dar. Vá até a mesquita e suplique ao Todo Poderoso que transforme você em um gato!

Os conselhos

Um dia, Nasrudin vai até a casa de seus amigos e anuncia:
— Meus amigos, eu gostaria que vocês me emprestassem vinte mil dinares, pois quero comprar um elefante.
— Nasrudin, podemos pensar em emprestar o dinheiro, mas se você tiver um elefante, será preciso construir um cercado para ele, além do fato de que um elefante come muito. Todos os dias você vai ter que dar um jeito de conseguir comida para alimentar o animal, além de ter que contratar um treinador para cuidar dele. Tudo isso vai te custar muito dinheiro.

Nasrudin então os interrompe:
— Caros amigos, estou aqui para lhes pedir dinheiro, não conselhos!

A ambição

Nasrudin deseja obter um emprego no palácio do sultão. Ele vai até lá e é recebido pelo grão-vizir que lhe diz:

— Aqui, nós apreciamos os homens ambiciosos. Qual é a posição que você almeja?

— Ah, bem... a sua — responde Nasrudin com toda a simplicidade.

— Você é louco! — exclama o vizir incrédulo.

— Pode ser que sim, se essa for a principal qualidade que se espera de um grão-vizir.

O abanador celeste

Após ter feito a sesta no jardim de Nasrudin, um charlatão espiritual de passagem por ali vem compartilhar com ele uma xícara de chá.

— Fale-me, então, das suas sublimes experiências místicas — pede Nasrudin.

— Muito bem — responde o charlatão. — Enquanto durmo, sempre me acontece de deixar este mundo e ascender até o sétimo céu.

— Oh, grande mestre. E por vezes você sente em seu rosto um frescor, uma doce brisa talvez produzida por uma espécie de abanador?

— Exatamente! — responde o charlatão, certo de que esse devia ser um sinal de grande realização espiritual.

— Na verdade — confessa Nasrudin — é melhor mesmo que você saiba: enquanto você fazia a sesta, o abanador celeste sobre seu rosto era a cauda de meu burro.

A sopa de pato

Nasrudin recebe a visita de um amigo que lhe traz um pato. Ambos preparam uma boa sopa de pato, degustam juntos e depois se despedem.

No dia seguinte alguém vem até Nasrudin e lhe diz:

— Nasrudin, sou amigo da pessoa que ontem lhe trouxe o pato.

— Ah, que bom, seja bem-vindo.

Kandhira, a esposa de Nasrudin, então convida o visitante a compartilhar com eles a sopa do jantar.

Um dia depois, outra pessoa chega e se apresenta:

— Sou amigo do amigo da pessoa que te trouxe o pato.

— Muito bem, pode entrar — responde Nasrudin. E dizendo isso desaparece por alguns instantes a fim de dar instruções à sua esposa; em seguida, ambos voltam e servem ao visitante uma boa concha de água quente.

O visitante fica surpreso:

— É um pouco bizarra essa sua sopa.

— Não, não, essa é a sopa da sopa da sopa de pato!

5.

Mudar de olhar

> "O que perturba os homens não são as coisas, mas os julgamentos que os homens fazem sobre as coisas."
>
> Epicteto

Vocês já perceberam até que ponto os estados emocionais influenciam a experiência da vida? Fatigados, doentes, contrariados, enxergamos o mundo através de lunetas cujas lentes estão esfumaçadas: tudo parece opaco e triste. Em contrapartida, quando entramos em contato com emoções mais agradáveis, temos a impressão de que tudo é luminoso, que os transeuntes são alegres, a natureza pródiga e o mundo inteiro nos sorri.

De modo geral, não vemos o mundo tal como ele é, mas com os filtros do nosso passado, da nossa cultura, das experiências e crenças que condicionam nossa percepção. A questão do olhar que temos sobre os acontecimentos da vida é central para o caminho da sabedoria. Como ressalta Epicteto, a maneira de interpretar as situações, de lhes dar sentido, tem enorme impacto em nossa existência. Ademais, o que depende de nós não são as circunstâncias, mas nossa maneira de apreendê-las. Inumeráveis pesquisas científicas demonstraram que a capacidade de mudar de perspectiva, de levar em conta pontos de vista diferentes, está associada à atitude de tomar decisões mais equilibradas, a pensar melhor para resolver um conflito e a agir de modo mais cooperativo.[1]

Nossa visão de mundo, entretanto, é fragmentada: jamais percebemos a totalidade da situação. Por isso, todos nossos pontos de vista são relativos. Tomemos um exemplo: duas pessoas divergem ao olhar um número desenhado no chão. Para uma é um 9, para outra é um 6. Quem tem razão?

Sem ter consciência disso, nossas interpretações são limitadas pela realidade. A capacidade de olhar as coisas sob outro ângulo oferece uma perspectiva mais sutil e mais global de uma situação. Essa capacidade desenvolve também a

---

1. Brienza, J. P.; Kung, F. Y.; Santos, H. C.; Bobocel, D. R. e Grossmann, I., «Wisdom, bias, and balance: Toward a process-sensitive measurement of wisdom-related cognition», *Journal of Personality and Social Psychology*, vol. 115, n° 6, 2018, p. 1093, 10.17605/OSF.IO/P25C2; Grossmann, I.; Brienza, J. P. e Bobocel, D. R., «Wise deliberation sustains cooperation», *Nature Human Behaviour*, vol. 1, n° 0061, 2017, 10.1038/s41562-017-0061.

criatividade e permite encontrar soluções engenhosas para problemas com os quais nos defrontamos. Como o Dalai Lama explica com frequência, imaginem que estão diante de uma maçã que é vermelha de um lado e verde do outro. Se seu nariz estiver colado na maçã, vocês verão apenas uma cor. É somente ao tomar distância e virar a maçã de um lado e do outro que vocês perceberão suas diferentes facetas.

Mudar de perspectiva é a via para superar situações complicadas, impasses e se abrir para infinitas possibilidades. Durante seus estudos filosóficos e seus debates metafísicos e lógicos, os monges budistas treinam muito essa capacidade. Modificar o olhar sobre uma questão permite não se apegar a ela, além de desenvolver a argumentação e a capacidade de pensar com criatividade.

De um modo divertido, na companhia do Mulá Nasrudin, somos convidados a questionar nossos pontos de vista e a explorar a diversidade de elucidações possíveis. Isso se aplica não apenas ao cotidiano, mas também às situações mais graves da existência. Com seu humor irreverente, Nasrudin transforma um acontecimento aparentemente catastrófico em uma oportunidade para progredir, aprender, empreender algo novo. Mudar de perspectiva revela a amplidão de possibilidades.

Mudar de perspectiva é a via para superar situações complicadas, impasses e se abrir para infinitas possibilidades.

Quem está ao contrário?

O Mulá Nasrudin entra um dia na rua principal da aldeia montando seu burro, mas com o corpo de frente para o lombo do animal.

Diante do insólito espetáculo, os transeuntes começam a rir, e um deles acaba perguntando:

— Mas Nasrudin, você não percebe que está montando seu burro ao contrário?

Nasrudin encara o homem e responde calmamente:

— Como você pode saber se sou eu ou se é o burro que está ao contrário?

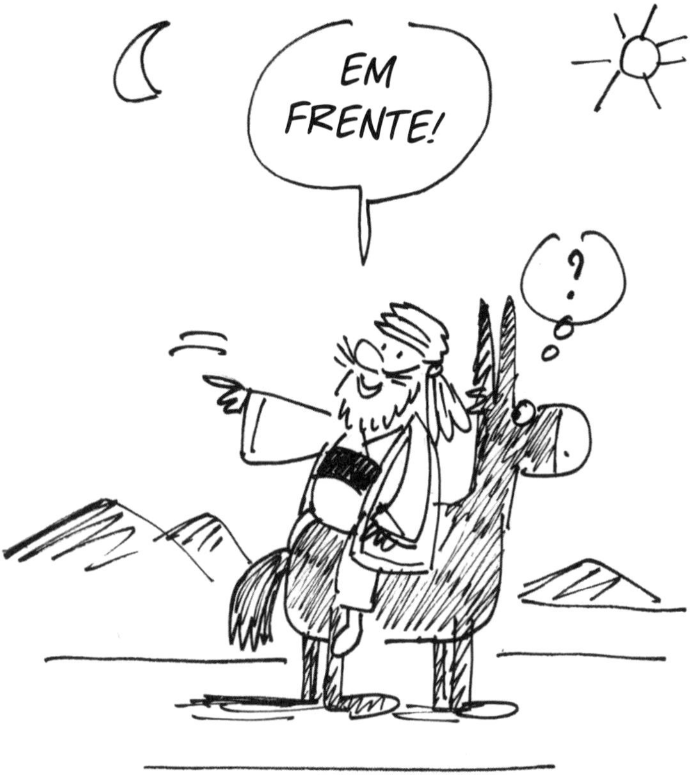
EM FRENTE!
?

A caça ao urso

Certa manhã, Nasrudin anuncia aos moradores de seu vilarejo que vai sair para caçar ursos. Decidido, ele parte e não é mais visto o resto do dia. No final da tarde, ele volta com uma expressão muito satisfeita e senta-se num banco da aldeia.

Um jovem se aproxima dele e pergunta:

— Então, Nasrudin, ficou satisfeito com a caça?

— Ah, sim, foi fantástica!

— E quantos ursos você viu?

— Nenhum!

— Sério? E você acha que a caça foi um sucesso?

— Para alguém como eu, ir caçar ursos e não encontrar ursos é um imenso alívio.

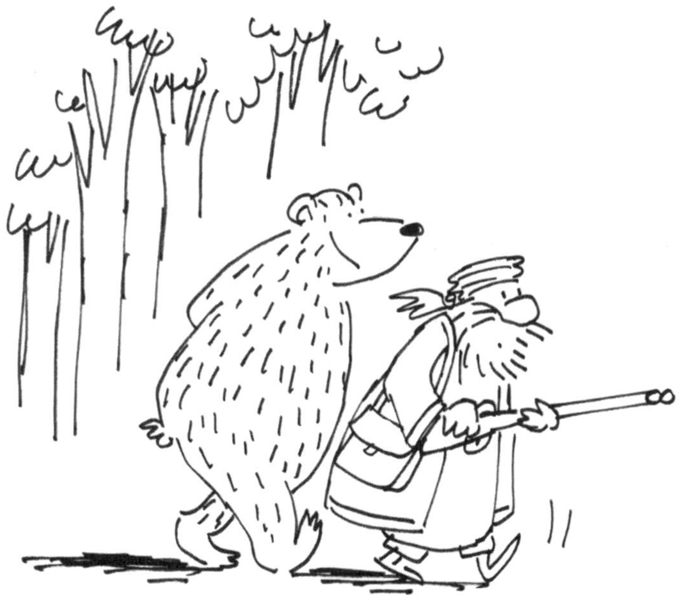

O ladrão

Nasrudin e sua nobre esposa tinham acabado de adormecer quando, de repente, ouvem um barulho na casa. Amedrontada, sua mulher o acorda:

— Nasrudin, parece que há um ladrão na casa. Você precisa ver isso. O ladrão deve estar na ala oeste.

Ele reflete alguns instantes e, depois, com um lampejo de esperança nos olhos, sussurra:

— Acima de tudo, não se mova e não diga nada. Naquele cômodo não existe estritamente nada a ser roubado, mas se houver é porque foi o ladrão que perdeu alguma coisa ali!

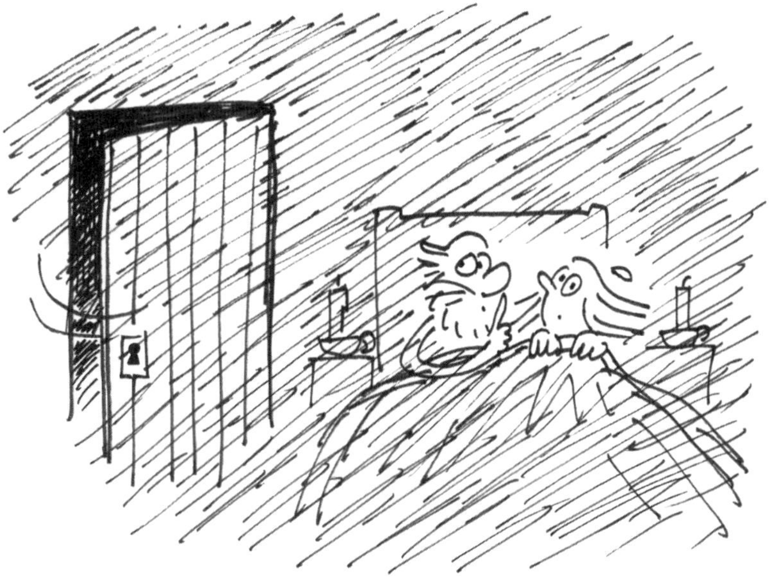

A oferta e a procura

Já fazia algum tempo que Nasrudin trabalhava como gerente de um pequeno restaurante.

Um dia, para sua grande surpresa, um príncipe, acompanhado de toda sua corte, passa pelo local, entra no modesto albergue e pede uma omelete.

Nasrudin vai logo preparar a omelete e se apressa em servir o príncipe. Quando a refeição acaba, ele apresenta uma conta de mil dinares, de fato um preço bastante alto para uma omelete.

O príncipe não quer parecer mesquinho, mas não consegue se conter e diz:

— Tenho a impressão de que os ovos são raros nessa região.

E Nasrudin responde:

— Não são os ovos que são raros, são os príncipes!

A vida pertence a quem se levanta tarde

Quando era criança, Nasrudin não gostava nem um pouco de se levantar cedo, o que deixava seu pai desolado. Certa manhã, como ele estava demorando para acordar, o pai começa a fazer um longo sermão, até que finalmente ele abre os olhos:

— Veja só, esse homem que se levantou antes do amanhecer encontrou no seu caminho uma moeda de ouro. Veja esse pássaro, ele foi o primeiro a despertar e por isso comeu a primeira minhoca...

Com sua habitual astúcia, Nasrudin reflete um pouco sobre o assunto e logo se vira para dormir de novo. Mas antes de tirar seu cochilo, ele diz ao pai:

— Ah! Isso só mostra que é preferível se levantar tarde. Já que aquele que perdeu a sua moeda de ouro se levantou ainda mais cedo, e se o verme não tivesse acordado antes do pássaro não estaria morto hoje!

O rei falou comigo

Nasrudin chega um dia à aldeia e, com imenso orgulho, proclama em alto e bom som:

— O rei falou comigo! O rei falou comigo!

Todo mundo fica impressionado e a novidade se espalha de boca em boca:

— Vocês sabiam que o rei falou com Nasrudin! O rei falou com ele, quanta honra!

No dia seguinte, algumas pessoas vêm visitá-lo e, num misto de curiosidade e admiração, lhe perguntam:

— Mas o que o rei falou para você de fato?

— Ele me disse: "Saia do meu caminho!".

Você também tem razão

Dois homens chegam para pedir a Nasrudin que os ajude a solucionar um conflito que os divide. O primeiro começa a explicar as razões de o outro estar errado, e lhe faz críticas injustificadas. Com isso, Nasrudin chega à sua conclusão:

— Creio que você tem toda razão.

Indignado, o outro homem rebate:

— Mas não, não mesmo, sou eu que vou lhe dizer a verdade, o que realmente se passou e como ele me tratou.

Após ter escutado o segundo homem, Nasrudin o tranquiliza:

— Sim, você realmente tem razão.

Revoltados, os dois homens se viram para Nasrudin e dizem:

Nasrudin, você não vai dizer, enfim, quem de nós tem razão?

— Mas claro que sim, vocês dois têm toda razão.

O fiscal aduaneiro

Toda semana, o Mulá Nasrudin atravessa a fronteira com cinco ou seis burros.

O fiscal inspeciona detalhadamente os carregamentos, mas só encontra tijolos, areia e pedras. Sem compreender muito bem o que acontece, ele sempre deixa Nasrudin passar, e toda vez ele retorna ao seu vilarejo por um outro posto de fronteira.

Anos mais tarde, o fiscal se aposenta e um dia vai tomar chá na casa de Nasrudin.

— Vamos lá, você agora pode me contar, o que estava contrabandeando?

— Eu? — responde Nasrudin. Eu passava os burros...

A corrida no deserto

Nasrudin entra um dia no vilarejo com ar triunfante e declara:

— Pus para correr cinquenta bandidos sanguinários.

As pessoas começam a gritar:

— Nasrudin pôs cinquenta bandidos sanguinários pra correr! Ele é um herói!

Passado um momento, alguém olha para ele com ar pensativo e pergunta:

— Mas Nasrudin, como você fez exatamente para realizar uma façanha como essa?

— Muito simples, quando vi os bandidos comecei a correr como um desesperado, e todos eles começaram a correr atrás de mim!

Nasrudin perde seu burro

Nasrudin perde seu burro, mas, em vez de procurá-lo, corre pelas ruelas da aldeia gritando:

— Louvor ao Todo-Poderoso! Glória ao Senhor!

Conhecendo o amor de Nasrudin pelo seu burro, os vizinhos se surpreendem:

— Por que tantos louvores a Deus? O que você deveria mesmo é pedir a Ele que o ajude a encontrar seu burro, não acha?

— Vocês não compreenderam absolutamente nada. Agradeço ao Altíssimo por eu mesmo não estar montado no lombo do meu burro quando ele desapareceu. Senão, seria eu que teria me perdido.

Figos ou melões

Para aplacar um pouco o péssimo humor do rei, o Mulá Nasrudin tem a ideia de lhe oferecer algumas frutas de seu jardim. Leva-lhe, então, um cesto repleto de figos, sem saber, porém, que o rei tem horror a essa fruta. Mal acaba de receber o presente, o rei atira violentamente um figo, que vai se despedaçar na cara de Nasrudin.

— Deus é grande! — diz Nasrudin.

Furioso, o soberano atira outro figo, que dessa vez se espatifa em seu belo turbante.

— Rendo graças ao Senhor por isso! — repete Nasrudin.

As frutas não param de atingir o Mulá, que com ar angelical aguenta firme...

— Pare com essa encenação — grita o rei. Por que você continua a agradecer estupidamente aos céus? Se você visse em que estado está!

— Devo confessar, senhor, que existe, no entanto, algo de que me regozijar — responde Nasrudin.

— Quando penso que, no lugar de figos, eu poderia ter lhe oferecido melões!

Lua ou Sol

Nasrudin entra numa casa de chá e declara com convicção:
— A lua é mais útil do que o sol!
— E por que isso, Nasrudin? — perguntam perplexas as pessoas presentes.
— Porque é totalmente evidente! É quando anoitece que precisamos de mais luz!

Por que vocês estão aqui?

Enquanto caminhava no deserto, Nasrudin vê chegar no horizonte um grupo de cavaleiros que lhe parecem suspeitos. Ele acredita que talvez sejam bandidos e que seria preferível tomar distância deles.

Nasrudin começa então a correr. Mas, ao verem isso, os cavaleiros se perguntam:

— Quem será esse tipo bizarro que está fugindo de nós?

Concluindo que talvez fosse alguém culpado de alguma coisa, os cavaleiros se desviam de sua rota e começam a persegui-lo.

Ao vê-los se aproximar, Nasrudin salta para dentro de um grande fosso, se encolhe todo e vai se refugiar bem no fundo do buraco. Quando chegam à beira do fosso, os cavaleiros olham atônitos para Nasrudin, e um deles grita:

— Ei, você! O que você está fazendo aí?

— Bem... — diz Nasrudin — essa é uma boa pergunta, embora não seja tão simples de responder: eu estou aqui por causa de vocês, e vocês estão aqui por minha causa.

6.
Não confundir o relativo e o absoluto

> "Confia em Deus, mas amarre seu camelo primeiro."
>
> Provérbio sufi

Em nossa busca de felicidade, possibilidades de se desviar não faltam, como a de se perder num sonho metafísico, rejeitando a vida. Vivemos num mundo tangível, na companhia de outros humanos, de outros seres sensíveis e de objetos. E com problemas materiais para resolver. No decorrer de experiências espirituais, que alguns denominam "momentos de iluminação", pode ocorrer que se perceba de modo evidente a não separação dos outros seres sensíveis; a sensação, por vezes fugaz e difícil de descrever, de que naquele instante tudo é justo, tudo está em seu devido lugar.

Nas espiritualidades orientais distingue-se a verdade absoluta (o ego "em si" não existe como entidade distinta, os fenômenos manifestam-se infinitamente, mas sua verdadeira natureza é vazia de existência inerente) e a verdade relativa (as leis de causa e efeito são inelutáveis): temos um corpo que deve ser alimentado, vivemos em relação com outras pessoas, segundo regras sociais que organizam a vida em grupo. Confundir as duas, e tentar aplicar a lógica da verdade absoluta a qualquer situação, pode acarretar o risco de nos colocar em contradição com o cotidiano. Não se pode trucidar um vizinho sob o pretexto de que os fenômenos são semelhantes às ilusões, e que não têm existência própria!

Os textos budistas também sugerem que se preste atenção a essas duas dimensões: que nossa visão seja tão vasta quanto o céu, e que a sutileza de nossa observação das leis de causa e efeito se mostre tão fina quanto a farinha. Sri Aurobindo, um dos grandes filósofos indianos do século XX, conta que, um dia, um discípulo, que se considerava o próprio "Bramã" (o Absoluto), se recusou a obedecer a um adestrador de elefantes que pedia que ele saísse do caminho. No fim, ele acabou sendo derrubado pelo elefante. Mas, como relembrou o mestre, o adestrador e o elefante também eram o próprio Bramã!

Confundir essas duas dimensões implica correr o risco de cair no fanatismo ou no dogmatismo. Passaria pela sua cabeça consolar um familiar que acabou de perder um ente querido dizendo: "Você sabia que na escala das estrelas isso não tem nenhuma importância?". Interpretada ao pé da letra, essa verdade nada tem a ver com a situação relativa da pessoa naquele momento.

"Após o êxtase, lave a roupa suja", nos lembra Jack Kornfield. Em sintonia com a realidade, sua obra, que inclui numerosos testemunhos de mestres de todas as tradições, nos ensina que normalmente o cotidiano é nosso melhor professor. O Dalai Lama deixa claro, aliás com frequência, que só rezar não basta: precisamos agir e assumir nossas responsabilidades, sempre que possível, para poder transformar o mundo.

Nasrudin, por sua vez, combina habilmente essas duas dimensões, seja para denunciar a hipocrisia e questionar nossa credulidade, seja para nos reconduzir para o lado concreto da existência.

O cotidiano é com frequência nosso melhor professor.

O lago e o balde

Uma noite, Nasrudin e um de seus amigos estão sentados à beira de um lago.

O amigo, que já ouviu Nasrudin externar suas opiniões extravagantes muitas e muitas vezes, começa a ficar irritado:

— Nasrudin, você está exagerando! Apesar de tudo, a realidade existe.

— Você está certo, mas ela é muito relativa...

— Nada disso, ela é absoluta!

— Então me dá um exemplo desse tipo de realidade.

— Eis aqui um simples exemplo: não se poderia colocar toda a água desse imenso lago num balde. De maneira alguma você vai poder insinuar o contrário!

— Bem, não deixa de ser verdade! Mas isso simplesmente depende do tamanho do balde.

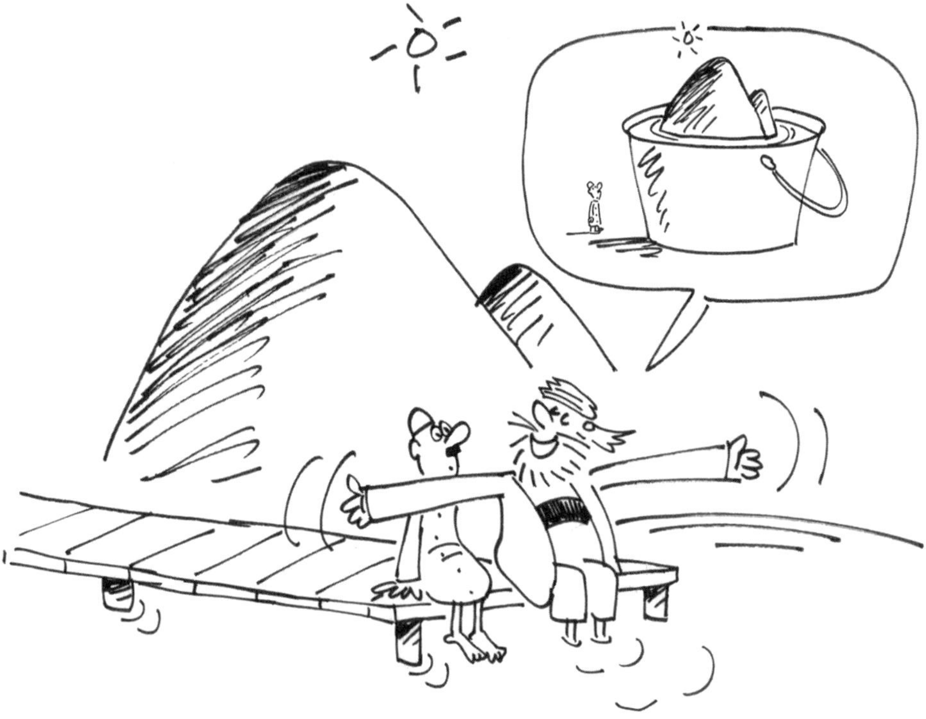

A camisa

Nasrudin compra um belo corte de tecido para fazer uma camisa. Ele vai então ao alfaiate, que tira criteriosamente suas medidas.

— Quando posso voltar? Quando minha camisa ficará pronta? — pergunta Nasrudin ao alfaiate.

— Ah! Se Deus quiser, ela estará pronta na próxima segunda-feira — responde o homem, erguendo os braços para os céus com um ar meio fatalista.

Na segunda-feira seguinte, Nasrudin volta ao alfaiate e o questiona:

— E então, cadê minha camisa?

— Tive alguns contratempos, mas, se Deus quiser, ela ficará pronta na quarta-feira.

Na quarta-feira, Nasrudin volta mais uma vez à loja do artesão:

— E aí, caro amigo, onde está minha camisa?

— Veja só, eu na verdade tive muito trabalho, mas, se Deus quiser, ela ficará pronta no sábado.

— Bem, admitamos que você deixe Deus fora dessa história, quando essa camisa ficará pronta?

A oração

O Mulá Nasrudin vai passear com um grupo de amigos, cada um montado no seu burro. Durante a travessia do deserto, chega o momento da oração. Todos desmontam, prendem seus burros numa pedra, voltam-se para Meca e começam a praticar suas devoções.

Bem no meio da oração, o Mulá se dá conta de que seu burro se livrou do cabresto e saiu trotando a esmo. Ele então se vira bruscamente e grita bem alto:

— Oh! meu burro, tenha piedade, não vá embora assim, fique comigo!

— Nasrudin, isso é uma blasfêmia! No meio da prece ao Todo-Poderoso, você se dirigir a um burro! — exclamam seus companheiros indignados.

— É isso aí — retruca Nasrudin. — Outra oração, eu sempre posso fazer, mas encontrar um burro…

A boa casa

Um mendigo bate à porta de Nasrudin e afirma:

— Nasrudin, o Altíssimo me conduziu a esta casa para fazer uma boa refeição.

— Sinto muito — responde Nasrudin —, mas você errou de porta.

E aponta para a mesquita do vilarejo ali perto, dizendo:

— A casa do Todo-Poderoso fica bem lá no fim desta rua!

Quem quer ir para o paraíso?

Na mesquita, o Imã faz uma pregação na qual expõe com minúcia de detalhes, e muita convicção, o terrível destino reservado aos amaldiçoados quando eles vão para o outro mundo, assim como as alegrias inigualáveis prometidas aos eleitos.

Assim que termina de falar, ele olha para os fiéis e diz em voz alta:

— Quem de vocês quiser ir para o inferno que se levante.

Ninguém na plateia se move.

— Muito bem. E agora, quem de vocês quiser ir para o paraíso, imediatamente se levante.

Num só movimento, todos se levantam. Todos, menos um homem, Nasrudin, que permanece ali sentado.

— Mas, Nasrudin, você tem que decidir! Ao que parece, você não gosta do inferno, mas também não quer ir para o paraíso, não é mesmo?

— Isso é verdade, mas vocês podem ir para lá mesmo sem mim. Prefiro esperar por aqui, não tenho pressa.

Negociações

Sempre acompanhado de seu burro, Nasrudin envereda por um caminho de montanha muito perigoso. Subitamente, o animal dá um passo em falso e começa a resvalar pelo declive, que acaba em precipício.

— Deus Todo-Poderoso — implora Nasrudin —, se você segurar meu burro, farei uma oferenda de dez dinares para reparos na mesquita!

Por um segundo, a queda do animal é impedida por um arbusto, mas logo o burro continua a cair.

— Ó Altíssimo — retifica Nasrudin —, eu me expressei mal, eu queria dizer vinte dinares.

Por um curtíssimo instante o animal parece ter parado, arrimado por uma rocha, mas continua em queda livre.

— Será que eu deveria ter dito trinta dinares ou até mesmo quarenta...

Nada disso resolve, e o burro acaba se espatifando no fundo do precipício.

— Decididamente — diz Nasrudin contrariado —, o Senhor é realmente duro na negociação!

A perda do burro

Nasrudin está muito triste, pois seu amado burro acaba de morrer. Inconsolável, ele vai até o estábulo e ali, completamente imóvel, implora em voz alta:

— Ó Senhor, grande e misericordioso, conceda-me sua graça e faça com que meu burro retorne à vida.

E por muito tempo ele continua ali rezando, rezando... sem parar.

Suas súplicas preocupam os vizinhos e um deles, muito devoto, lhe prega um sermão:

— Nasrudin, por favor, ficar pedindo a toda hora que o Altíssimo faça seu burro reviver é uma blasfêmia.

— Como? Você sabe muito bem que tudo o que se pede a Deus ele sempre responde!

Um pouco contrariado, o devoto se retira. Mas volta no dia seguinte para ver Nasrudin, que continua no estábulo completamente desolado.

— Então, já obteve a resposta do Altíssimo? — pergunta o vizinho.

— Sim — afirma Nasrudin — e a resposta é "não".

A ajuda de Deus

No exato momento em que se apronta para ir a uma festa, Nasrudin tropeça e perde o magnífico anel que costuma usar nas grandes ocasiões.

Ele procura o anel por toda parte, mas não o encontra. Desesperado, dirige-se ao Altíssimo para pedir ajuda:

— Ó Senhor, acabo de perder meu anel e já estou atrasado para a festa. Se o Senhor me ajudar a encontrá-lo, oferecerei dez dinares para as reformas na mesquita.

Ao se ajoelhar, porém, ele constata que o anel está bem ali, debaixo da mesa. Ele se ergue rápido e, dirigindo-se de novo ao Altíssimo, declara prontamente:

— Ó Todo-Poderoso, nem vale a pena o Senhor se incomodar com isso, eu mesmo já encontrei o anel!

Não há mais ninguém por aí?

Nasrudin se embrenha por um caminho que leva a um precipício. Num passo em falso ele cai e, por um triz, consegue se segurar num galho de árvore pendente, mas acaba pendurado no vazio. Agarra-se desesperadamente ao galho, mas logo se dá conta de que não irá aguentar muito tempo.

Começa então a gritar:

— Socorro! Socorro! Há alguém por aí? Socorro! Socorro!

Uma voz ecoa dos céus, é o Senhor Todo-Poderoso.

— Nasrudin, confie em mim, larga o galho, eu estou com você.

Mas Nasrudin insiste:

— Socorro! Socorro! Há alguém nos arredores?

De novo, a voz do Senhor ecoa dos céus:

— Nasrudin, tenha confiança em mim, solta o galho, eu estou aqui.

— Socorro! Será que não há mais ninguém por aí?

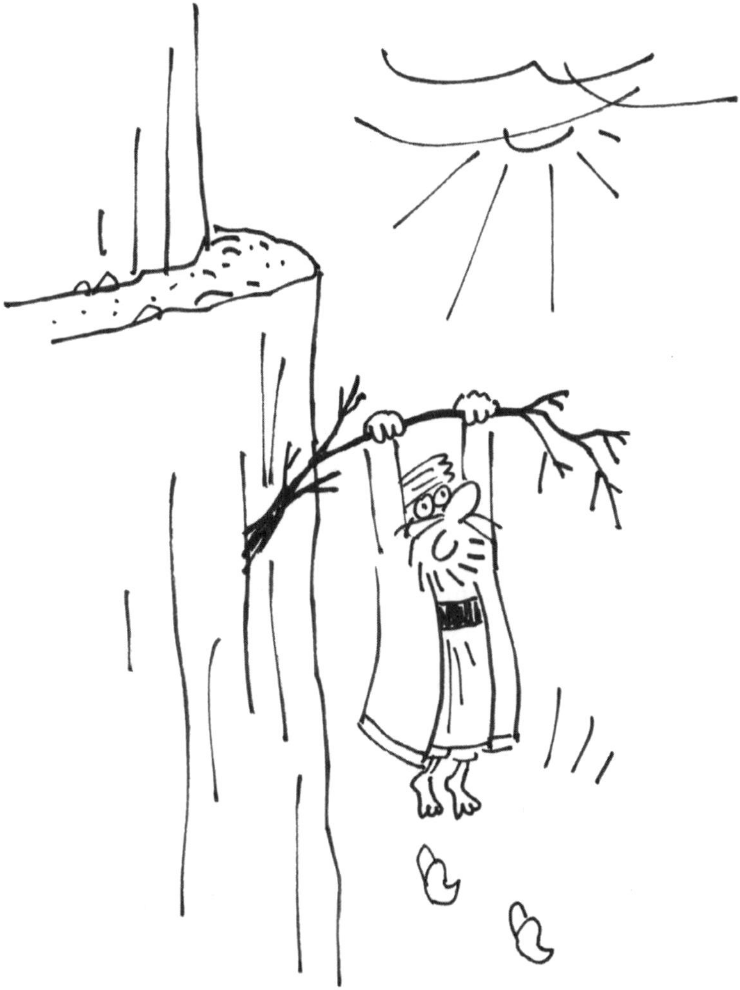

7.
Identificar as armadilhas do ego

> "Em síntese, o ego tem duas qualidades: é injusto em si mesmo, pois se coloca como o centro de tudo; e é inconveniente para os outros, na medida em que quer escravizá-los."
>
> PASCAL

Grande parte das aventuras de Nasrudin ressalta os defeitos do egocentrismo, também conhecido como o hábito de "olhar apenas para o próprio umbigo". Levado ao extremo, o egocentrismo pode conduzir ao narcisismo: uma maneira de funcionar baseada na certeza da própria superioridade, o que gera a convicção de que não temos que respeitar as regras que se aplicam aos outros. Se o sentimento exacerbado da própria importância caracteriza as personalidades narcísicas patológicas, em certa medida todos nós corremos o mesmo risco. Para usar um exemplo banal, uma pesquisa científica realizada com pilotos de corrida revelou que 88% deles se consideravam motoristas mais confiáveis e 93% se achavam mais aptos do que os motoristas comuns!

Um estudo do psicólogo Michael Dambrun demonstrou que, quanto mais forte o sentimento do ego, menos a pessoa era feliz, no sentido eudemonista da palavra.[1] Os trabalhos científicos de Jean Twenge sobre o narcisismo colocaram igualmente em evidência dois mecanismos: de um lado, o narcisismo caracteriza-se por uma falta de empatia e por um desprezo pelo outro. De outro, pelo fato de que, quando confrontadas com a realidade, as personalidades narcísicas reagem pela depressão ou pela animosidade.[2]

Por ocasião de uma visita do Dalai Lama ao México, alguém lhe mostrou o país num mapa e salientou que ele parecia ser o centro do mundo. O Dalai Lama então argumentou que, se levassem esse raciocínio mais longe, todo mundo poderia afirmar: "Minha cidade é o centro do país, minha

---

1. Dambrun, M. e Ricard, M., «Self-centeredness and selflessness: A theory of self-based psychological functioning and its consequences for happiness», *Review of General Psychology*, vol. 15, n° 2, 2011, p. 138-157, 10.1037/a0023059.
2. Brad J. Bushman e Sander Thomaes, «When the narcissistic ego deflates, narcissistic aggression inflates», in *The Handbook of Narcissism and Narcissistic Personality Disorder: Theoretical Approaches, Empirical Findings, and Treatments*, Hoboken: John Wiley & Sons, 2011, capítulo 28, p. 319-329; Jean M. Twenge e W. Keith Campbell, *The Narcissism Epidemic: Living in the Age of Entitlement*, New York: Free Press, 2009.

casa é o centro da cidade, minha família é o centro da casa e eu sou o centro de tudo!".[3]

Considerar-se o centro do mundo torna a pessoa particularmente frágil diante das aleatoriedades da existência: o mundo inteiro se transforma em inimigo. É "nosso" trem que está atrasado, é a meteorologia que estraga "nossas" férias. Um pouco como se o mundo girasse à nossa volta, como se tudo que acontecesse se referisse a nós pessoalmente, e nós fôssemos alvos de uma conspiração. Se atravessamos a rua sem olhar e um automóvel quase nos atropela, reagimos como se o motorista tivesse algo contra nós, e se perdemos nossa mala, idem.

Os exemplos extraídos das narrativas do Mulá Nasrudin às vezes parecem extremos, mas ao segui-lo somos convidados a observar que, com muita frequência, não temos consideração pelo outro. É uma situação em que todos saem perdendo. Tornamos miserável a vida de todos os que nos rodeiam, e a nós mais miseráveis ainda. O egoísmo é uma tentativa particularmente irrefletida de garantir nossa própria felicidade.

Em sintonia com o pensamento budista, o psicólogo Erich Fromm explica seu ponto de vista da seguinte maneira: "Amar a si mesmo está necessariamente ligado ao fato de amar outra pessoa [...] O egoísta não se ama muito, ele se ama muito

---

3. Matthieu Ricard, *Felicidade, a prática do bem-estar*, São Paulo: Palas Athena, 2007.

pouco; na verdade, ele se odeia".[4] O egoísta é um ser que não faz nada sensato para ser feliz. Ele se odeia porque, sem saber, faz de tudo para se tornar infeliz, e esse fracasso permanente provoca no seu interior uma frustração e uma raiva que ele dirige contra ele mesmo e contra o mundo exterior.

De qualquer forma, o narcisismo é uma patologia do ego: a pessoa se confunde com a própria imagem, que ela precisa proteger. A pesquisa denomina esses egos frágeis de "egos explosivos". Egos cuja tendência é a de serem extremamente agressivos e ficarem na defensiva se perceberem que alguma coisa os ameaça. Por isso, eles ficam constantemente em estado de alerta, o que é extenuante.

Além do mais, a pesquisa científica demonstrou que a tática da intimidação, que o ego combativo e manipulador costuma usar, não funciona no longo prazo: o que a pessoa ganha ao se impor, ela acaba perdendo, já que essa atitude afetará negativamente as relações com os outros.[5] Em contrapartida, os "egos tranquilos" não experimentam essa contínua necessidade de reafirmar e defender seu valor perante o outro.

---

4. Erich Fromm, *Análise do homem*. Rio de Janeiro: Zahar, 1960.
5. Anderson, C., Sharps, D. L.; Soto, C. J. e John, O. P., «People with disagreeable personalities (selfish, combative, and manipulative) do not have an advantage in pursuing power at work», *Proceedings of the National Academy of Sciences*, vol. 117, nº 37, 2020, p. 22780-22786.

Considerar-se o centro do mundo torna a pessoa particularmente frágil diante das aleatoriedades da existência.

Pelo fato de fazer com que a pessoa se sinta isolada dos outros e do mundo, o narcisismo tem consequências negativas também sobre o meio ambiente. Um estudo demonstrou, por exemplo, que as pessoas narcísicas eram também mais materialistas e mais suscetíveis a ter comportamentos pouco éticos em relação ao meio ambiente.[6] A maneira pela qual tratamos os animais e o resto dos seres vivos (dos quais fazemos parte) é um exemplo contundente. Quantos comportamentos prejudiciais não se devem a lamentáveis crenças egocêntricas tais como: a Terra está no centro do Universo, o ser humano é o ápice da criação, ou apenas os seres humanos sentem emoções? Sobre esse tema, a filósofa Simone Weil costumava dizer que "Amar um ser é simplesmente reconhecer que ele existe tanto quanto você".

Isso não quer dizer de modo algum que é preciso negligenciar a si mesmo ou se sacrificar por alguém. É justificável que cada um mantenha sua integridade física e moral e procure salvaguardar o próprio bem-estar, mas sem deixar de prestar atenção no impacto que nossas palavras e ações exercem sobre os outros.

---

6. Bergman, J. Z.; Westerman, J. W.; Bergman, S. M.; Westerman, J. e Daly, J. P., «Narcissism, materialism, and environmental ethics in business students», *Journal of Management Education*, vol. 38, nº 4, 2013, p. 489-510, 10.

Com uma espirituosa má-fé, o Mulá Nasrudin entra em cena para identificar nossas tendências para os comportamentos autocentrados e zomba dessas deficiências nos poderosos. De acordo com o adágio popular que diz que é mais fácil ver o argueiro no olho do vizinho do que a trave no nosso, ele assume o papel de vilão e nos convida a desmascarar as armadilhas do egocentrismo.

Uma fatia de halva

Nasrudin e um de seus amigos entram um dia no caravançarai e pedem um chá acompanhado de uma grossa fatia de halva.

No momento de compartilhar o doce, uma investida infeliz da colher divide a fatia em duas partes desiguais. Sem a menor hesitação, Nasrudin pega a maior e começa a saborear. Um pouco surpreso com a indelicadeza, o amigo não consegue se impedir de comentar a cena:

— Puxa, Nasrudin, você não acha que isso é um pouco egoísta...

— Mas o que você teria feito no meu lugar?

— Eu, eu lhe teria dado o pedaço maior!

— Então, veja só, está tudo perfeito, porque foi isso mesmo que aconteceu.

O que me separa de um imbecil?

Um dia, Nasrudin se vê bem de frente para o sultão, sentado na borda do mesmo tapete que ele. De muito mau humor, o soberano derrama toda sua cólera sobre o pobre Nasrudin que, sem saber o que fazer, bem ou mal tenta acalmá-lo.

Longe de se apaziguar, o sultão grita brutalmente para ele:

— Nasrudin, para mim chega! Francamente, eu gostaria muito de saber o que te separa do maior dos imbecis!

Nasrudin baixa a cabeça, olha fixamente para os pés, depois levanta os olhos para o sultão e conclui simplesmente:

— Oh, meu senhor, não muita coisa. Apenas a largura de um tapete.

Os sacos de grãos

Todo ano, logo após as colheitas, os habitantes do vilarejo se encontram nos arredores do moinho da região. No lugar existe uma grande mó e eles vão para lá levando seus sacos de grãos.

Cada um a sua vez, todos pegam sua produção, passam os grãos pela mó, recolhem a farinha do outro lado, e enchem com ela um novo saco.

Nasrudin também está na fila, mas não para de pegar grãos nos sacos do vizinho mais próximo e colocar nos seus. A manobra acaba sendo percebida e o vizinho reclama feio:

— Nasrudin, pare de tirar grãos dos meus sacos!

— Oh, perdão! Você já sabe, sou um pouco imbecil...

O vizinho balança a cabeça concordando, mas fica firme em sua posição:

— Claro, mas mesmo sendo imbecil, por que você não pega os grãos dos seus próprios sacos?

— Posso ser imbecil, mas não a esse ponto.

O pequeno e o grande fim do mundo

— Nasrudin, você sabe quando chegará o fim do mundo?
— Qual deles?
— O que você quer dizer com isso? Quantos chegarão?
— Dois! O grande e o pequeno. Se você ou um de meus amigos morrerem será o pequeno fim do mundo. Mas se quem morrer for EU, então será o grande fim do mundo.

As apresentações

Chega enfim o dia em que Nasrudin costuma fazer sua visita a todas as personalidades importantes do vilarejo. Justo na hora em que se prepara para sair, um comerciante que ele conhece vagamente e que deseja expandir seus negócios no vilarejo bate à sua porta e pede para acompanhá-lo.

— Infelizmente, não tenho nada de apresentável para vestir — lamenta o comerciante diante de Nasrudin, que então lhe empresta seu mais belo caftan.

Os dois começam seu itinerário visitando o cádi do vilarejo:

— Oh, grande cádi — diz Nasrudin —, permita-me apresentar-lhe este comerciante de extraordinária probidade que vem oferecer seus talentos e seus serviços à nossa cidade. Quanto ao caftan que ele veste, ele me pertence.

— Que estranha maneira de falar de mim! — protesta o comerciante, furioso. — Se você diz que essa roupa é sua, o cádi vai pensar que sou um camelô vulgar que não tem dinheiro para se vestir e quer se dar grande importância.

— Rogo-lhe que me desculpe. Acredite-me, eu não quis prejudicá-lo. Venha, vou apresentá-lo ao imã, outra personalidade importante da cidade.

E lá se vão os dois à procura do imã.

— Oh, venerável imã — diz Nasrudin —, permita-me lhe apresentar um verdadeiro fiel, um homem que pratica o comércio da mais honesta das maneiras. A roupa que ele veste é dele mesmo.

— Como você pode falar assim de mim? — reage o comerciante. — Você faz isso descaradamente! O imã vai pensar que eu não passo de um vaidoso que deseja chamar atenção com suas roupas!

Nasrudin se desculpa de novo e jura ao comerciante que nunca mais falará de suas roupas. No fim da jornada, os dois chegam à casa do governador:

— Oh, poderoso governador, eu lhe apresento um comerciante dos mais talentosos e respeitáveis — diz Nasrudin. — Mas sobre a roupa dele não direi sequer uma palavra.

A morte do sultão

Certo dia, quando chega ao palácio do sultão, Nasrudin vê o carrasco açoitar um inocente.

— Você não vai para o paraíso — ele profetiza ao carrasco. — Quando fiz uma adivinhação sobre você, previ sua morte próxima!

Dois dias depois, nas ruas da cidade, uma carroça desgovernada atropela o carrasco, e ele morre na hora.

Informado da profecia de Nasrudin e afetado por aquela morte, o sultão decide executar o infeliz vidente sob a acusação de ter jogado uma maldição em seu carrasco.

Arrastado por dois guardas, Nasrudin é levado à presença do sultão. Ele se ajoelha. Os guardas empunham seus sabres e se preparam para o golpe. O soberano então declara em tom irônico:

— Já que você tem poderes de adivinhação tão grandes, deveria ter previsto o dia da sua própria morte!

— É provável que seja hoje mesmo — confirma Nasrudin.

Mas logo acrescenta:

— Eu também vi que sua morte estava prevista para o dia seguinte da minha.

Lívido, o sultão ordena imediatamente que os guardas recolham seus sabres.

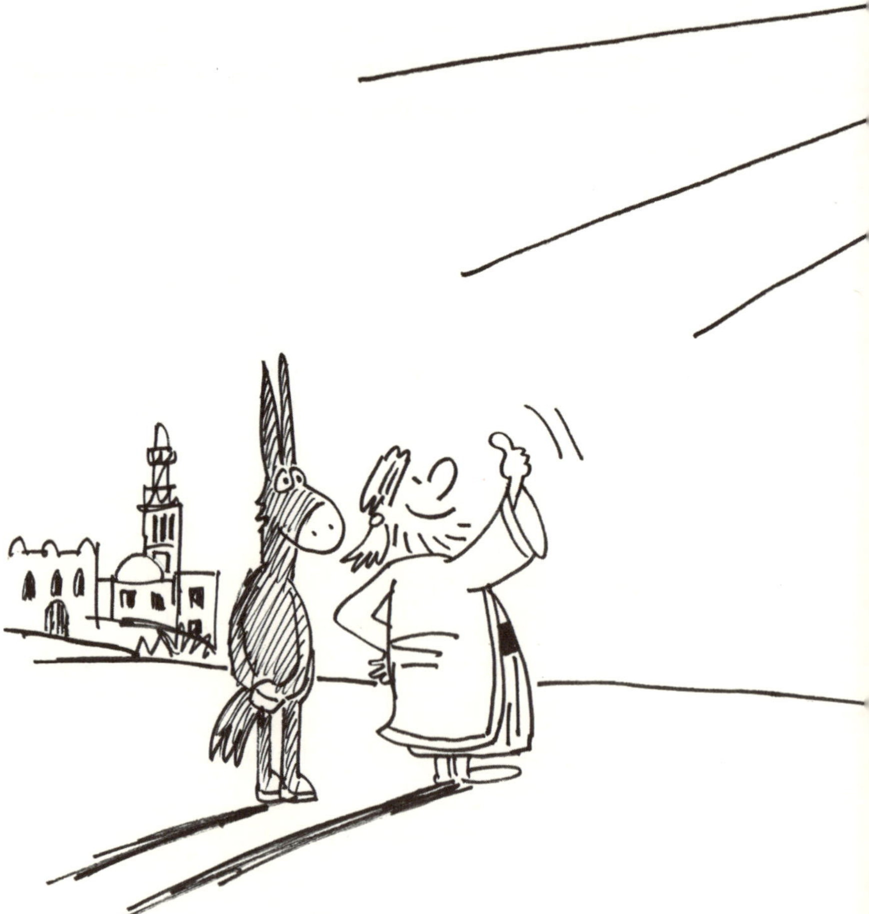

A vontade divina

Nasrudin chega um dia na casa do imã e anuncia triunfalmente:

— Tenho enfim a prova de que TUDO nesse mundo acontece de acordo com a vontade do Altíssimo.

— Como é profunda sua fé, Nasrudin, mas o que o fez chegar a essa conclusão?

— Ora, é evidente! Neste mundo nunca acontece nada de acordo com a MINHA vontade!

Compartilhar pela metade

Depois de terem caminhado durante muito tempo debaixo do sol, Nasrudin e um de seus amigos chegam finalmente a um caravançarai. Eles entram e pedem um grande copo de leite quente.

Acontece que aquele é um caravançarai muito pequeno e o dono tem apenas um copo de leite para oferecer. Ele traz então o grande copo de leite e declara um pouco abruptamente:

— Vocês vão ter que compartilhar!

O companheiro de Nasrudin tira então do bolso um pequeno pote de mel e lhe diz:

— Beba primeiro sua metade que eu beberei a minha depois com mel.

— Coloque o mel agora, e eu beberei apenas a minha metade.

— Claro que não, só tenho mel o suficiente para adoçar meio copo de leite.

Ardiloso como sempre, Nasrudin tira de seu bornal um pequeno pote de sal e responde:

— Escute só, eu vou tomar a minha metade com sal e tem o suficiente para nós dois.

As lágrimas de Tamerlan

Dizem que o imperador Tamerlan era muito feio. Certo dia, enquanto ele conversa com Nasrudin, o barbeiro que lhe faz a barba se descuida e o espelho vai parar na mão do imperador. Tamerlan imediatamente se põe a chorar, e Nasrudin, assim como toda a corte, também começa a se debulhar em lágrimas e a se lamuriar.

Duas horas depois, os membros da corte conseguem distrair Tamerlan e ele para de chorar. Mas Nasrudin continua a chorar mais ainda.

— O que acontece com você, Nasrudin? — pergunta o imperador, surpreso. — Eu me olhei no espelho e me vi tão feio que senti uma legítima tristeza. Mas e você, por que não para de se lamentar?

— Oh, grande imperador — responde Nasrudin —, você se olhou no espelho apenas um instante e isso bastou para que chorasse por duas horas. Por que razão se surpreende de que eu, que olho para você o dia inteiro, chore por mais tempo?

8.

Livrar-se do olhar dos outros

> "Não se deixe invadir pelo orgulho quando for objeto de congratulações. Considere que não é sua pessoa que recebe elogios, mas sim as qualidades que você desenvolveu. Quando alguém o criticar, aproveite a ocasião para reconhecer seus erros inconscientes e dar provas de humildade. Essas pessoas são seus mestres, pois destroem seus apegos e sua vaidade. Como agradecer a elas por tão grande favor?"
>
> DILGO KHYENTSE RINPOCHE[1]

É em família, na companhia dos amigos, em nossos grupos e comunidades que se constrói grande parte do autêntico

---

1. Dilgo Khyentse Rinpoche, *Le trésor du coeur des êtres éveillés*, Paris: Seuil, coleção «Points Sagesses», 1996.

sentimento de felicidade. Os seres humanos são uma espécie social e cooperativa. Tanto nossa felicidade como nossa infelicidade se constroem junto com os outros e por meio deles, principalmente a partir do olhar que eles têm sobre nós. Como muitas realidades, esse olhar tem duas dimensões.

A primeira é um incentivo para se comportar de maneira justa, isso porque imaginamos que o outro (alguém importante para nós, como um familiar, um professor, um orientador espiritual) nos observa. O sentimento que decorre disso permite que nos conectemos com o que sabemos ser bom, ético, justo. A qualidade benevolente e compassiva desse olhar pode nos libertar e revelar nossa humanidade.

Mas podemos nos aprisionar e nos tornar escravos do olhar social. Essa é a outra dimensão do olhar alheio, ligada ao ego, à imagem de si, ao orgulho e ao amor-próprio.

Ela nos faz suportar mal a crítica e a nos sentir facilmente rebaixados, o que nos deprime e desperta nossa ira. Ser rejeitado é certamente um dos nossos medos mais profundos: queremos evitá-lo a qualquer preço. Uma pesquisa científica mostrou, por exemplo, que a rejeição social ativa as mesmas zonas cerebrais que a dor física.[2]

---

2. Kross, E.; Berman, M. G.; Mischel, W.; Smith, E. E. e Wager, T. D., «Social rejection shares somatosensory representations with physical pain», *Proceedings of the National Academy of Sciences*, vol. 108, n° 15, 2011, p. 6270-6275.

Isso nos leva a conferir uma importância desmedida ao julgamento dos outros. Nós nos identificamos com o que eles dizem a nosso respeito, como se isso nos definisse fundamentalmente como pessoas.

O conformismo faz parte dessa dependência do olhar do outro baseado nas convenções sociais. Inumeráveis pesquisas científicas demonstram que chegamos ao ponto de mudar nossas opiniões, nossas preferências, e até mesmo nossos próprios comportamentos, se eles estiverem muito distantes dos comportamentos do grupo com o qual nos identificamos, e tudo isso para evitar o risco de rejeição.[3] Sob a pressão do tempo, esse efeito se exacerbou: somos mais capazes de dizer ao outro o que ele deseja ouvir do que o que pensamos de verdade.[4]

Libertar-se do olhar do outro não significa ignorá-lo. Esse olhar nos permite identificar comportamentos dos quais nem sempre estamos conscientes. É como se o olhar da outra pessoa viesse explicitar "perspectivas recalcadas" que nossa própria consciência ainda não foi capaz de revelar. Desse modo

---

3. Klucharev, V.; Hytonen, K.; Rijpkema, M.; Smidts, A. e Fernández, G., «Reinforcement learning signal predicts social conformity», *Neuron*, vol. 61, nº 1, 2009, p. 140-151.

4. Protzko, J.; Zedelius, C. M. e Schooler, J. W., «Rushing to appear virtuous: Time pressure increases socially desirable responding», *Psychological Science*, vol. 30, nº 11, 2019, p. 1584-1591.

podemos questionar nossas ações diante do próximo e de nós mesmos, o que constitui um fator importante de aprendizagem. Talvez, ao nos libertar do medo do julgamento alheio, seja possível receber o que vem de fora mais como uma informação a ser tratada com discernimento, do que como um ataque pessoal.

É essa a poderosa libertação que Nasrudin nos faz vislumbrar. Fazendo assim, ele se coloca no mesmo patamar de um outro sábio louco, o filósofo Diógenes, que encorajava seus discípulos, entre outras lições, a passear em praça pública nos dias de feira com um peixe morto amarrado a um cordão. Isso era para ajudá-los a se livrar da importância indevida conferida ao julgamento alheio.

Nasrudin, seu sobrinho e o burro

Adolescente infeliz na própria pele, o sobrinho de Nasrudin havia tempos se recusava a sair de casa. Um dia, Nasrudin o convence a acompanhá-lo num passeio.

Como de costume, Nasrudin se reserva o lugar de honra e vai sentado no burro, conduzido pelo jovem que caminha ao lado. Quando atravessam o primeiro vilarejo, os dois cruzam com algumas pessoas que comentam:

— Vocês já viram uma coisa dessas? Esse gordo folgado sentado no burro enquanto a pobre criança tem que andar ao lado. Que indecência! É assim que se tratam as crianças?

Meio constrangido e bem contrariado, Nasrudin desmonta, coloca o rapazinho sobre o burro e prossegue seu caminho.

Um pouco mais longe, os dois passam por outro povoado. Ao dar de encontro com eles, alguns aldeões exclamam indignados:

— Esse rapazinho devia ter vergonha na cara! Olhem só o velho com tanta dificuldade de andar ao seu lado, enquanto ele, tão cheio de juventude, se pavoneia em cima desse burro.

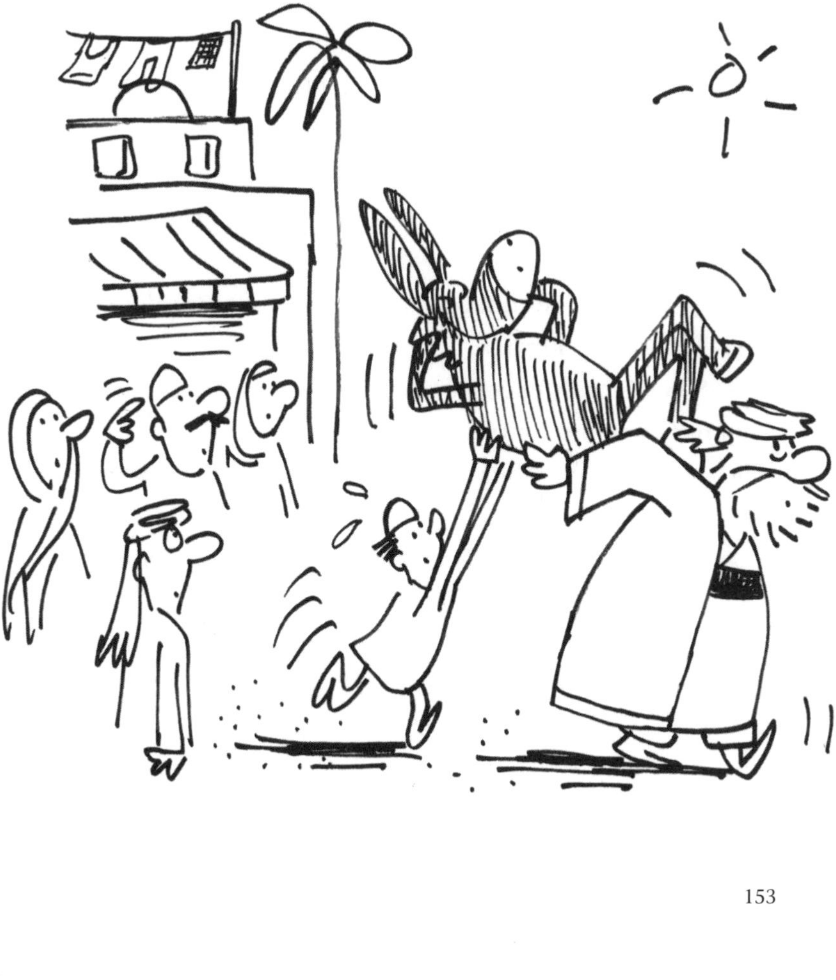

Hoje em dia ninguém tem mais qualquer respeito pelos idosos.

Confuso, o adolescente desmonta e junto com Nasrudin começa a andar ao lado do burro.

No povoado seguinte, um homem vê os dois passando e grita a plenos pulmões:

— Mas esses dois são completamente idiotas! Eles têm um burro, mas nenhum deles monta o animal!

Após alguns instantes de reflexão, Nasrudin e seu sobrinho acreditam ter encontrado a solução:

— Nós dois vamos montar no burro.

E assim eles passam diante de um grupo de camponeses que ficam escandalizados:

— Que crueldade com os animais! Os dois montados em cima desse pobre burro...

— Só nos resta uma opção — diz Nasrudin ao sobrinho. —Vamos carregar o burro.

Mais adiante, os habitantes do vilarejo saem na calçada de suas casas morrendo de rir:

— Venham só ver isso! Tem dois malucos aqui carregando um burro!

Dizem que depois desse memorável passeio o sobrinho de Nasrudin voltou a sair de casa.

Sou servo de quem?

Nasrudin vai fazer uma visita ao rei e leva de presente para ele um grande cesto de abobrinhas.

Como o rei adora abobrinhas e elas estão muito vistosas, ele diz a Nasrudin:

— Traga-me mais abobrinhas sempre que tiver, eu adoro abobrinhas.

Nasrudin fica satisfeito e cria o hábito de trazer abobrinhas para o rei. E a cada vez ele não se cansa de ressaltar os méritos do legume: "elas são muito boas para a saúde", "são boas para a digestão", "são boas para os nervos", "são boas para a força", "são boas para conservar a juventude...". Passado algum tempo, porém, o rei lhe diz:

— Chega, estou enjoado, não quero mais ver abobrinhas na minha frente!

— Claro, o senhor tem toda razão, afinal as abobrinhas são coisas insípidas, elas não passam de água com um pouco de matéria vegetal. Elas são banais, não se pode afirmar que sirvam para o que quer que seja...

— Nasrudin, pode-se constatar enfim que você mudou de opinião, já que antes não parava de elogiar as abobrinhas e agora afirma que elas não valem nada!

— Meu senhor, sou servo do rei, não das abobrinhas.

Nasrudin espanta os tigres

Nasrudin está dando voltas ao redor de sua casa, carregando um longo bastão com o qual desenha círculos no ar de cima para baixo.

Passado algum tempo, os vizinhos se aproximam, um pouco intrigados:

— Mas o que você está fazendo, Nasrudin?

— Estou espantando tigres — explica ele.

— Como assim, não existem tigres na região!

— Ah, vocês estão vendo só como isso funciona!

9.

Colocar-se no lugar do outro

> "Amar é compreender e sentir que o
> outro é diferente."
>
> SWAMI PRAJNANPAD

Somos seres de laços, animais sociais. Nossas relações são o contexto de momentos calorosos e estimulantes, mas por vezes também são fonte de conflitos e dificuldades. Nosso modelo do mundo filtra nossas percepções. Temos a tendência de interpretar os comportamentos dos outros através de nossas lentes e, por isso, nos comunicamos e nos comportamos com eles em função da nossa percepção da realidade.

O egocentrismo, ao qual já nos referimos, complica ainda mais a situação: quando alguém se fixa no próprio ponto de vista, em suas emoções, tudo se enrijece e as relações ficam ainda menos fluidas. Para serem benéficas, as inúmeras pesquisas científicas deveriam adotar uma perspectiva menos egocêntrica. Por exemplo, se em vez de continuarmos apegados às próprias interpretações assumíssemos a visão de um observador externo – ou se imaginássemos ser uma mosca pousada na parede, olhando para uma situação –, diminuiríamos enormemente nossas emoções negativas.

"Não se pode resolver um problema com o mesmo modo de pensar de quem o gerou", afirmava Albert Einstein. Estudos demonstram que essa perspectiva distanciada leva a uma reflexão mais sensata, que permite resolver melhor as dificuldades com as quais temos invariavelmente de nos defrontar. Essa é também a recomendação do grande mestre budista Shantideva, que aconselha se colocar no lugar de alguém que observa atentamente nosso comportamento de fora, com um olhar crítico. Com certeza, encontraríamos muitas coisas para reformular! Essa mudança de perspectiva mental é um movimento de conversão que nos faz sair do "nosso mundo" para nos inserir no mundo. Permite-nos apreender uma situação tal como o outro a percebe, e não como gostaríamos que ele a visse.

Com sua inimitável extravagância, não é a isso que Nasrudin nos convida?

Quando alguém se fixa em seu próprio ponto de vista, em suas emoções, tudo se torna rígido e as relações ficam ainda menos fluidas.

Na contracorrente

Um dia, ouvem-se gritos por todo o povoado:
— Quanta infelicidade, a sogra de Nasrudin caiu na água!
Nasrudin sai correndo na direção da margem do rio, junto com os moradores do vilarejo. Enquanto todos descem o rio, começando do lugar em que a velha senhora caiu na água, Nasrudin vai no sentido inverso, subindo o rio na contracorrente.
— Nasrudin, mas que absurdo é esse? É preciso procurar mais abaixo, ir para onde segue a corrente.
— Que nada, isso é porque vocês não conhecem bem minha sogra: ela sempre faz o contrário do que se espera dela!

O avarento

Um dia, o sujeito mais avarento do vilarejo cai no rio. Todos saem em seu socorro. Como não sabe nadar, ele se debate desesperadamente na corrente.

Alguém então grita para ele:

— Me dá sua mão, me dá sua mão!

Apesar do encorajamento, e como se de repente tivesse ficado surdo, o avarento não tem reação.

— Mas vocês não sabem falar com ele — intercede Nasrudin. — Se ele é avarento, é preciso dizer: "Pegue minha mão, pegue minha mão!".

— Ao ouvir essas palavras, o homem reage prontamente e se agarra à mão estendida para sair da água.

O cobertor

Uma noite, Nasrudin e sua mulher são acordados por uma barulheira na rua. São algumas pessoas brigando.

Passado um tempo, como não consegue pegar no sono de novo, a mulher de Nasrudin lhe diz:

— Vá até lá ver o que eles querem.

Nasrudin põe um cobertor nos ombros e vai. Cinco minutos depois ele volta, mas sem o cobertor. Sua mulher então lhe pergunta:

— Mas o que essa gente queria?

— Acho que o que eles queriam era meu cobertor, pois na hora que o viram pararam de brigar, pegaram o cobertor e saíram correndo.

Não vejo dez burros, vejo onze

Nasrudin decide um dia que quer se tornar comerciante. Ele vai até o mercado da cidade e compra dez burros. No caminho de volta, ainda em plena zona rural, ele começa a ficar inquieto:

— Há muitos ladrões nesta região, é melhor eu verificar se já não fui roubado.

E juntando o gesto à reflexão, ele se vira e começa a contar os burros, mas só enumera nove.

— Que desgraça! — esbraveja. — Já me roubaram um burro.

Nasrudin desmonta do animal e corre para as colinas em perseguição aos ladrões. Ele procura por muito tempo, mas não encontra ninguém. Volta, então, para perto dos seus burros. E qual não é sua surpresa ao encontrar seus dez burros, placidamente esperando por ele!

— Ha! Ha! Os ladrões ficaram com medo de mim e preferiram me devolver o burro que tinham roubado — se regozija ele.

Orgulhoso e tranquilo, Nasrudin monta novamente em seu burro e retoma o caminho, seguido pelos outros nove burros. Trezentos metros adiante, ele diz a si mesmo:

— E se os ladrões voltaram aproveitando-se de minha grande autoconfiança?

E lá vai ele contar os burros outra vez.

— Que desgraça! — protesta Nasrudin. — Eles me roubaram outra vez! Mas eu irei encontrá-los.

Desce de novo do burro e começa a correr em todas as direções, mas não encontra nenhuma pista dos ladrões.

— Dessa vez eles me venceram — lamenta Nasrudin, e retoma seu caminho.

Sua surpresa é grande ao se aproximar dos burros e perceber que eles são dez novamente.

— Os ladrões ficaram com medo de mim outra vez — comemora.

E depois de refletir longamente sobre a experiência vivida, Nasrudin conclui:

— É simples assim, toda vez que estou montado num burro, os ladrões se aproveitam disso para me surrupiar outro burro: vale mais a pena eu continuar a pé, porque desse jeito vou conseguir enganá-los.

E assim ele chega em casa esgotado, mas orgulhoso de ter frustrado o plano dos ladrões. Quando conta a aventura para sua mulher, ela dá um grande suspiro e constata:

— Não vejo dez burros, mas onze!

A justiça social

A mulher de Nasrudin um dia lhe diz:

— Neste momento sei que há fome, e que nem todos conseguem lidar com ela da mesma maneira. Neste vilarejo, há alguns incrivelmente ricos e outros verdadeiramente pobres, que nada têm para comer. Isso dura faz muito tempo, o que não é justo. Você deveria ir até a praça do mercado e, como bom orador, poderia convencer os ricos a compartilhar suas riquezas com os pobres.

Encorajado pela esposa e cheio de entusiasmo com a ideia de defender uma causa tão nobre, Nasrudin vai ao mercado com a firme intenção de discursar para a multidão e converter todo mundo à sua visão das coisas.

Horas mais tarde, ele volta para casa esgotado, mas com ar satisfeito.

— Minha querida esposa, devemos dar graças ao Altíssimo.

— Nasrudin, você conseguiu convencê-los? — pergunta a mulher.

— Não foi uma missão fácil, como você pode imaginar, mas eu consegui cumpri-la pela metade.

— Como assim, pela metade?

— Isso mesmo, consegui convencer os pobres.

10.
Libertar-se das próprias fabricações mentais

> "Tive inúmeros problemas na minha vida, mas a maioria deles jamais aconteceu."
>
> Mark Twain

Alguns dos nossos pensamentos são úteis: eles nos dão a chance de nos projetar no futuro para preparar, planejar, organizar as coisas. Outros nos permitem analisar, aprender, compreender melhor o que acontece. Mas o ato de pensar está tão bem integrado ao nosso funcionamento que não conseguimos mais fazer a distinção entre os pensamentos (conteúdos mentais) e o que eles pretendem descrever: fatos, situações, relações. Damos crédito demais ao que nos passa pela cabeça, embora o que pensamos nem sempre seja verdadeiro e com muita frequência nem seja útil.

Imaginamos uma história – somos todos bons nisso – e acabamos acreditando nela. Mas não é estranho esperar por algo que funcione na realidade baseando-se numa ilusão? Existe um provérbio irlandês que diz: "Pensar nisso não vai arar o campo". Mesmo que o filme seja muito bom, não é porque ele dura 100 anos que será mais real.

Muito bem descrita pelos psicólogos, essa capacidade de autoilusão decorre da nossa aptidão para mentalizar as coisas, para conceitualizá-las. Tentamos controlar o mundo, esperando escapar das dificuldades e obter o que desejamos. Por isso, nossas fabricações mentais irão distorcer a realidade, filtrando-a através de nossos medos, crenças e expectativas. E mesmo que pensar seja algo extremamente útil, tornar-se escravo dos próprios pensamentos é uma das principais causas de nossa infelicidade. Quando essas construções são ansiogênicas, elas causam mal-estar e efeitos paralisantes. Sofremos antecipadamente pelas dificuldades que projetamos. A partir daí vivemos em um mundo mental e nos apartamos da vida tal como ela se apresenta, algo sempre em constante mudança.

Insistir não aumenta nossas chances de sucesso – é um pouco como a imagem de uma pessoa mergulhada num pântano, ou em areias movediças, que se agita sem parar: quanto mais ela se agita, mais se afunda. Quando caminhamos na direção de uma miragem, não é redobrando os esforços que teremos mais chances de encontrar água.

Quase sempre pelas vias do absurdo, o Mulá Nasrudin demonstra até que ponto essas ilusões podem influenciar nossa vida.

A ignorância está na base desse mecanismo. Ignorância compreendida não como uma falta de informações, mas como a sobreposição de nossas projeções mentais no mundo. Ser ignorante não significa ser incapaz de decorar nossa agenda telefônica, mas não se dar conta de que nossa visão da realidade é distorcida.

O antídoto que nosso parceiro de viagem propõe é lembrar de que nossos pensamentos são apenas pensamentos, de que nossas crenças não passam de crenças. É reconhecer que as coisas não têm qualidades próprias, mas sim que o que percebemos delas é resultado de nossas fabricações mentais. O que se considera belo ou feio, tolo ou inteligente, é resultado de nossas projeções.

Sair da ilusão é recuperar um espaço em si mesmo no qual não existe divisão entre a natureza das coisas e o modo como elas verdadeiramente são: impermanentes, interdependentes e desprovidas de existência própria.

O sonho do filho

O filho de Nasrudin acorda um dia e lhe diz:
— Pai, essa noite em meus sonhos você me deu dez dinares.
Nasrudin olha para ele e com ar benevolente lhe responde:
— Bem, é verdade que você é um bom menino e que se saiu muito bem na escola. Guarde esses dez dinares e compre o que quiser com eles.

A mulher e o amante

Um dia, enquanto bebia tranquilamente seu café, Nasrudin – ainda solteiro na época – percebe dois homens que furtivamente lhe lançam olhares zombeteiros e parecem falar dele.

— Eu lhe asseguro — diz um dos dois. — A mulher dele o engana. Tenho provas disso, ela encontra seu amante todas as noites no pequeno pátio ao lado da mesquita.

Ao ouvir aquilo, o sangue de Nasrudin lhe sobe à cabeça. Corroído pelo ciúme, ele corre para casa e vai procurar seu machado. Feito isso, ele se esconde no alto de uma árvore que dá para o pátio em que os amantes supostamente se encontram.

"Eles vão ver do que sou capaz", pensa Nasrudin. "Vou puni-los severamente. Expor-me ao ridículo, logo eu, o homem mais respeitado do vilarejo!"

Naquele momento, duas pessoas entram no pátio e começam a se abraçar amorosamente. Enraivecido, Nasrudin desce da árvore aos berros e, empunhando o machado, prepara-se para mandar o amante para o inferno.

Mas no exato momento em que vai desferir o golpe, ele interrompe o gesto no ar, surpreso por não reconhecer nenhuma das duas pessoas.

Um clarão de lucidez brilha em seu olhar, e ele diz a si mesmo:

— Pare, Nasrudin, pare com isso! Você nunca foi casado!

A sonoridade do trabalho

Nasrudin puxa seu burro pela encosta de uma montanha quando ouve a voz de um homem e o som de um machado. Curioso, ele se aproxima e descobre um lenhador cheio de entusiasmo, manejando seu instrumento de trabalho. Perto dele, um homem bem-vestido, sentado tranquilamente à sombra, o encoraja a cada três minutos:

— Força! Muito bem, continue!

— O que você faz aí? — pergunta Nasrudin.

— Eu corto madeira para o califa — responde o lenhador.

— E eu, eu o encorajo — acrescenta o outro.

Alguns dias depois, Nasrudin encontra de novo os dois homens, dessa vez brigando diante do juiz do vilarejo.

— Sou eu quem faz todo o trabalho — afirma veementemente o lenhador. — Mereço ganhar todo o dinheiro por isso.

— Claro que não — retruca o outro. — Sou eu que encorajo você, saiba que sem mim o trabalho não teria sido feito. Mereço no mínimo a metade do pagamento!

O juiz, que nunca tinha julgado um caso como aquele, fica aliviado ao ver Nasrudin chegar.

— Nasrudin, este é um caso para você. Queremos sua opinião.

— Traga-me uma bandeja — ordena Nasrudin. — E que me tragam também o pagamento.

Dito isso, ele pega as trinta moedas e faz tilintar uma a uma sobre a bandeja. Depois, dirige-se ao homem que havia encorajado o lenhador, e lhe pergunta:

— Ouça só este agradável tilintar. Você gosta desse som?

O tilintar do último dinar ecoa.

— Sim — concorda o homem, com os olhos cheios de cobiça.

— Então — diz Nasrudin — você acaba de receber seu salário. A sonoridade do dinheiro é uma remuneração suficiente por ter fornecido o aspecto sonoro do trabalho.

E colocando a bolsa de moedas nas mãos do lenhador, acrescenta:

— E o dinheiro é o pagamento apropriado para quem forneceu o próprio trabalho.

Distribuição de doces

Nasrudin está sentado sob uma árvore na expectativa de poder desfrutar de alguns momentos de tranquilidade. Mas nisso surge um bando de crianças que logo o rodeiam e começam a importuná-lo.

Exasperado, Nasrudin anuncia bruscamente:

— Ei, crianças! Vocês não sabem o que vai acontecer hoje? Corram até o palácio, ali está tendo uma farta distribuição de doces para todo mundo.

Bastante excitadas, as crianças saem correndo na direção do palácio. E como anunciam a boa nova aos quatro ventos, o vilarejo inteiro fica sabendo e logo todos se apressam para chegar ao palácio.

Olhando a multidão passar, Nasrudin se vê sozinho por alguns instantes e então diz a si mesmo:

"Quem sabe? Talvez eu fizesse bem em ir para lá também!"

Nove moedas bastam

Uma noite, Nasrudin sonha que encontra um homem rico morador do vilarejo que lhe diz:

— Nasrudin, por seus bons e leais préstimos, vou lhe dar dez moedas de ouro.

E o homem começa a contar as moedas uma a uma: "uma, duas, três, quatro", enquanto Nasrudin as recolhe em sua mão com prazer.

Quando vai receber a nona, Nasrudin acorda, mas ainda totalmente imerso em seu sonho. Olha então para sua mão vazia e aconselha a si mesmo:

— Escuta, caro amigo, nove moedas de ouro já bastam. Você não precisa da décima!

O frio

Um dia, Nasrudin pergunta ao médico do vilarejo:
— Como se sabe quando alguém está morto?
— É simples — responde o médico. — A pessoa fica totalmente fria.

Passado um tempo, Nasrudin vai com seu burro até uma de suas plantações. Tomado de súbita fadiga, decide tirar uma ligeira soneca no pasto. Quando acorda, toca seu antebraço e constata que ele está frio.

— Pronto, estou morto! — exclama ele.

Então se deita no chão e fecha os olhos. De repente, aparece um urso. O animal se aproxima e começa a rondar o burro. Nasrudin, que observa a cena pelo canto do olho, levanta a cabeça e diz para o urso:

— Saiba que, se eu não estivesse morto, não deixaria você fazer isso com meu burro!

O valor do burro

Um dia, Nasrudin decide vender seu velho e cansado burro, já que tinha ficado muito complicado tratar o animal e se ocupar dele.

Ele vai então até o mercado com seu antigo e fiel companheiro e, diante da multidão, começa a elogiar as inúmeras qualidades e os méritos extraordinários daquele inigualável burro.

Convocada, a multidão rodeia Nasrudin e o pobre animal, e aí os lances disparam, atingindo um montante bastante inesperado e apreciável:

— Cento e cinquenta dinares! — propõe um desconhecido com muito entusiasmo.

Os lances terminam e a transação está praticamente concluída, quando subitamente Nasrudin para, reflete por alguns momentos e reconsidera:

— Pois bem, eu definitivamente não tenho vontade de vender um burro de tão grande valor, um animal assim tão extraordinário!

11.

Ter consciência do valor da vida

> "Ensinar os homens a morrer
> é ensiná-los a viver."
>
> MONTAIGNE

A vida não é nosso bem mais precioso? Sim, nós sofremos, atravessamos momentos difíceis, sentimos alegria, com esforço experimentamos novos caminhos. Todas essas experiências fazem parte da condição humana, e nós as sentimos porque estamos vivos. A vida é a última coisa que desejamos perder. Entretanto, como a chama de uma vela exposta ao vento, ela é vulnerável, só dura um tempo e acaba se apagando. A vida é uma passagem, aprendemos isso desde criança. Se sabemos que ela é tão preciosa e frágil, vamos consagrá-la a quê?

Ter consciência da impermanência, ter certeza da morte e da imprevisibilidade da sua hora são com frequência etapas determinantes no caminho da sabedoria e da compaixão. Quando se referia às suas lições sobre a impermanência da vida, Buda costumava dizer que elas eram como as pegadas de um elefante na floresta: as maiores de todas. A impermanência não diz respeito somente ao corpo físico, ela se revela em tudo o que existe. Mas há também uma impermanência sutil, o fato de que, a cada instante, os fenômenos se transformam.

Levados pela avalanche das preocupações cotidianas, pelos nossos desejos e medos, por vezes deixamos nossas vidas de lado. Quantas vezes por dia estamos ausentes dessa oportunidade única que nos é dada? Sêneca costumava dizer: "Não é que dispomos de pouco tempo, mas sim que perdemos tempo demais".

A globalização e as incessantes inovações tecnológicas nos submetem a uma aceleração sem precedentes. Com a proliferação dos canais de comunicação, ficamos expostos a uma incrível quantidade de informações. Nossa atenção é solicitada por uma multiplicidade de estímulos (telas, mídias sociais, publicidades…) e temos a impressão de que tudo passa muito rápido. Mas não somos nós mesmos que deixamos de reservar tempo e parar a fim de nos reconectar com o essencial? O poeta T. S. Eliot dizia que somos seres vazios, "distraídos da distração pela distração".

Ter consciência da impermanência das coisas é poder utilizar ao máximo o tempo que nos é dado para realizar o essencial.

Mas e se parte da solução fosse se desconectar regularmente do mundo virtual a fim de se reconectar com a gratidão, com a apreciação do simples fato de estar vivo? Ter consciência da finitude, da própria vulnerabilidade, já não é de fato reconhecer o lado precioso da nossa existência? Existe convite mais poderoso para viver plenamente e se consagrar ao essencial do que aceitar que não conhecemos a hora em que finalmente deixaremos este mundo? A filosofia budista afirma que é muito afortunado aquele que pode inspirar novamente após cada expiração. Estar consciente da impermanência das coisas é poder utilizar da melhor maneira possível o tempo que nos é dado para realizar o essencial.

Essa é também a lição que Nasrudin nos oferece: a de nos confrontar com a condição mutável da existência, com sua brevidade e seu inestimável valor.

Escolher sua própria maneira de morrer

Nasrudin está na corte do sultão. Nesse dia, porém, suas fanfarronices e sua impertinência acabam ultrapassando todos os limites.

Irritadíssimo, o sultão o interrompe:

— Para mim chega, Nasrudin, vou condená-lo à morte por sua insolência!

Com um ar entristecido Nasrudin implora:

— Oh, sultão, grande sultão, pelo menos me conceda a graça de escolher a maneira como vou morrer!

Magnânimo, o sultão concede.

— Muito bem, seu pedido foi aceito.

— Obrigado, majestade. Nesse caso escolho morrer de velhice!

O camelo fabuloso

Na corte do sultão, Nasrudin conversa com o velho soberano, que parece apreciar seus modos e suas gracinhas.

— Como o senhor sabe, nobre sultão, tenho um camelo de fato extraordinário. Se eu disser "ande", ele anda, se eu disser "voe", ele voa. Seu único defeito é que, infelizmente, ele não sabe nem ler, nem escrever. Mas, afora isso, ele é excepcional.

— Verdade mesmo, Nasrudin? — exclama o sultão, fascinado. — Eu gostaria muito de ver esse camelo de perto!

— Oh, majestade — diz Nasrudin. — No momento isso não será possível, eu estou ensinando ao camelo os rudimentos da prece. Mas quando eu voltar aqui, no ano que vem, ele vai se ajoelhar diante do senhor e rezar!

O ano passa. E o sultão, que não esquece da fantástica promessa, convoca Nasrudin, exigindo que ele traga o fabuloso camelo à sua presença.

Nasrudin, porém, chega sozinho e explica:

— Ah, majestade, o que acontece é que o camelo começou a ler o Corão, e ele gostou tanto que quis aprendê-lo de cor. Mas no ano que vem, sem falta, quando já tiver decorado o Corão, ele virá recitá-lo para o senhor!

A esposa de Nasrudin, que havia acompanhado toda a história, temendo pela vida do marido, o adverte:

— Nasrudin, esse seu jogo é perigoso. Se o sultão se der conta da sua tapeação, você vai ter sérios aborrecimentos. Seria melhor confessar imediatamente suas mentiras!

— Não entre em pânico — assegura Nasrudin. — Somos todos idosos e ainda tem muito tempo até o ano que vem.

— Daqui até lá o camelo pode morrer, o sultão pode morrer, e até eu mesmo posso morrer.

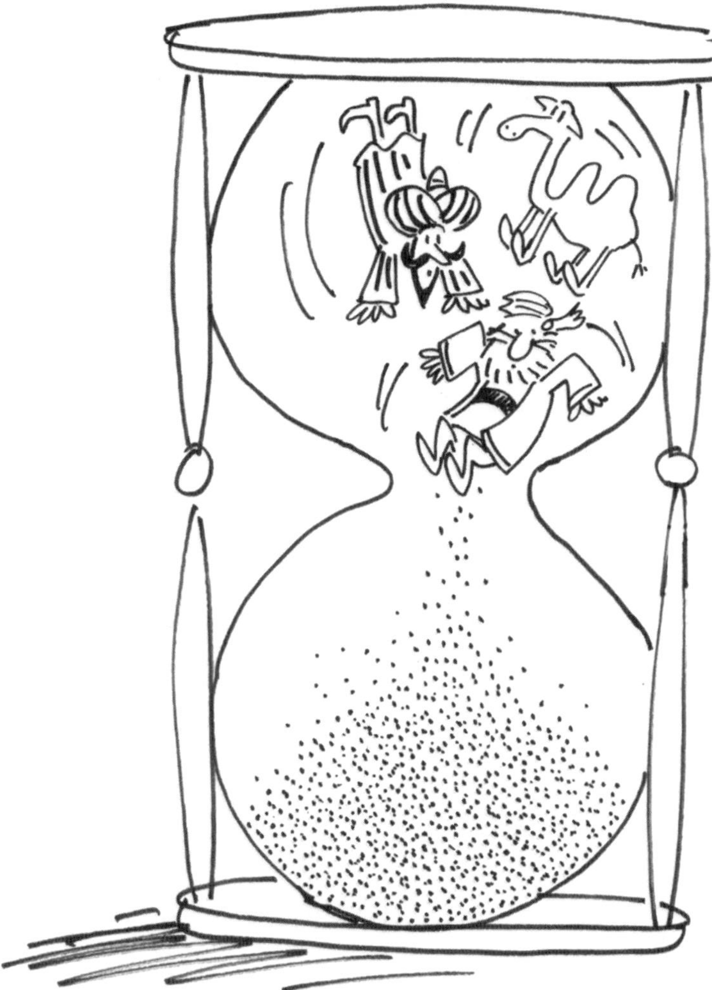

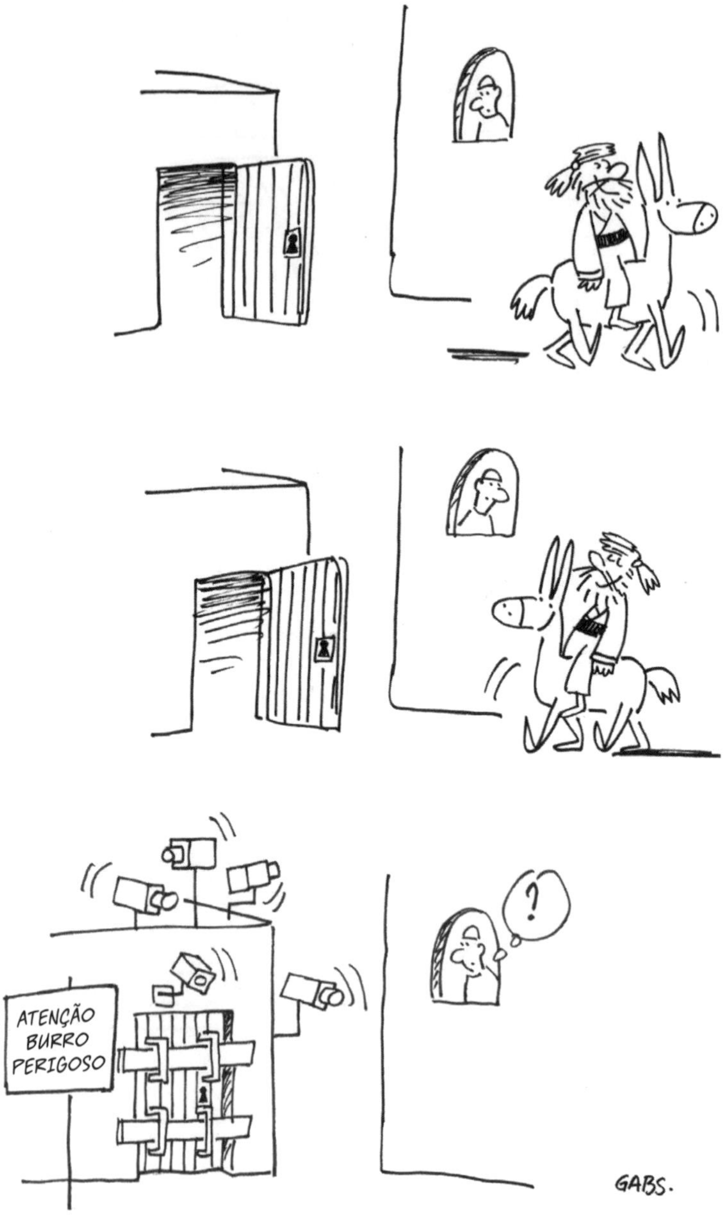
ATENÇÃO
BURRO
PERIGOSO
?
GABS.

A coisa mais preciosa da casa

Nasrudin entra e sai de casa dez vezes por dia, às vezes montado no burro, às vezes a pé.

O vizinho, que não conseguia entender aquilo, um dia não se contém e o questiona:

— Acho que você é totalmente louco, Nasrudin! Tenho observado suas idas e vindas e notei que, quando sai de casa, você deixa a porta aberta, e quando entra em casa tranca tudo cuidadosamente.

— De fato — admite Nasrudin. — No fim das contas não sou eu o bem mais precioso a ser protegido?

12.

Contentar-se com a simplicidade

> "Quando você se dá conta de
> que não falta nada, o mundo
> inteiro lhe pertence."
>
> Lao-Tsé

As histórias do Mulá Nasrudin com frequência ressaltam a avidez dos que abusam da própria posição para satisfazer sua sede de poder. Ao fazerem isso, eles revelam a mecânica da ambição desmedida, que pode agir em cada um de nós se não nos precavermos contra ela. Quem de fato nunca pensou que a aquisição desse ou daquele bem o faria mais feliz? Quem nunca cobiçou um objeto qualquer, ou não sonhou em ter o status social de outra pessoa?

O desejo de possuir cada vez mais já era comum no Oriente, durante a Idade Média, e continua todo-poderoso hoje, nesta cultura consumista que faz acreditar que o bem-estar depende do que temos e não do que somos. Sem dúvida alguma, todos precisamos de condições decentes para viver, de um teto para nos abrigar, de alimento, e de cuidados para manter uma boa saúde. Pregar o despojamento para quem vive na precariedade e na penúria seria insultante. Mas ganhar e acumular não tem nenhuma serventia.

Estudos científicos demonstram que, uma vez atingido um certo patamar, o conforto e os bens materiais não conduzem ao desenvolvimento do eu. Por que razão? Primeiro porque não cessamos de nos comparar com os outros, o que significa que sempre haverá alguém com uma casa maior ou um automóvel mais bonito. Acreditar que ao adquirir mais e mais coisas um dia acabaremos satisfeitos é enganar a si mesmo.

Entra em jogo então um outro mecanismo, chamado pelos psicólogos de "adaptação hedonista": habituamo-nos às benesses da vida, consideramos todas como garantidas e, por isso, precisamos ter sempre mais para nos sentirmos melhor ainda. A avidez é como uma adicção: apreciamos cada vez menos o que temos e sempre desejamos mais o que não temos.

O mestre tibetano Dudjom Rinpoche[1] escreveu: "Quem não sabe se contentar quando tem uma coisa, vai querer duas

---

1. Dudjom Rinpoche, *Extraire la quintessence de la réalisation. Instructions orales pour la pratique des retraites en montage, exposées de façon simple et directe, dans leur nudité essentielle*, tradução Matthieu Ricard, New Delhi: Shechen Publications, 1977, citado por Matthieu Ricard, *Chemins spirituels*, Paris: NiL éditions, 2010.

e aí o demônio pernicioso da avidez não terá dificuldade alguma para se infiltrar em vocês". Para criar uma imagem da avidez, podemos dizer que ela é como beber água salgada: quanto mais bebemos, mais temos sede. Do mesmo modo, é impossível satisfazer nossas carências de maneira duradoura possuindo ou consumindo bens materiais.

Para Rousseau, a avidez não é uma paixão natural, é ela que induz as pessoas a se apropriarem de bens além dos necessários. Segundo ele, essa voracidade está ligada ao desejo de posse, ao "isso me pertence", que está na origem das desigualdades.[2] Sendo assim, a ganância contribui para o aumento das injustiças sociais e para o esgotamento do planeta.

Combinada com o apego, a avidez leva à avareza: a pessoa torna-se incapaz de perceber que os bens que possui ultrapassam todas as normas da justiça social e se recusa a compartilhar o que tem com os mais necessitados.

O primeiro antídoto para a cobiça é o desapego, sinônimo de liberdade interior. O desapego – que não quer dizer ser apático, "desligado" de tudo, sem emoções – pode também ser qualificado de "despojamento". Precisamos nos libertar

---

2. Jean-Jacques Rousseau, *Discours sur l'origine et les fondements de l'inégalité parmi les hommes*, 1755 (segunda parte, primeiro parágrafo). [*Discurso sobre a origem e os fundamentos da desigualdade entre os homens*. Tradução de Maria Ermentina Galvão, São Paulo: Martins Fontes, 1999.]

da dependência dos bens que possuímos para evitar ser possuídos por eles. O desapego é uma libertação: é ser capaz de preservar a própria paz interior em todas as circunstâncias, quer faça frio ou calor, quer se tenha conforto ou não, quer se possua muito ou pouco.

Precisamos nos libertar da dependência dos bens que possuímos para evitarmos ser possuídos por eles.

Outro antídoto: a generosidade. Ser sensível às necessidades dos outros é a base da consideração empática e do altruísmo. Quando compreendo que o outro, alguém bem diferente de mim, deseja ser feliz exatamente como eu, sinto essa humanidade comum que me leva a cuidá-lo sem esperar nada em troca. Albert Schweitzer costumava dizer que "a felicidade é a única coisa que duplica toda vez que a compartilhamos".

A virtude da generosidade anda lado a lado com o terceiro antídoto, o contentamento, que nos encoraja a ser felizes tendo exatamente o necessário, numa espécie de "sobriedade feliz", na expressão de Pierre Rabhi, e de simplicidade voluntária. Um provérbio tibetano afirma que o contentamento é como guardar um tesouro na palma da mão. Livremente escolhido, com plena consciência, ele permite apreciar o sabor das coisas simples e se maravilhar com tudo de bom que a vida oferece.

Dito isso, não se deve confundir avidez, apego e riquezas. Conta-se a história de um monge que tinha tanto apego por sua tigela que acabou reencarnando sob a forma de uma serpente encaracolada dentro da referida tigela, e aí não deixava ninguém se aproximar dela. O despojamento não é simplesmente uma questão de riqueza ou pobreza. Ele se refere à força com que nos agarramos às coisas. Mesmo o homem mais rico, se ele não se apegar às próprias riquezas, não se converterá em seu escravo e poderá fazer com que outros usufruam delas.

O pote de mel

Nasrudin vai consultar o tabelião da região: ele precisa de um documento legal relativo a uma de suas propriedades.

O tabelião se faz de difícil, dando a entender que um pequeno presente poderia acelerar um pouco o processo.

Nasrudin vai para casa e logo volta com um grande pote de mel, que coloca sobre a mesa do tabelião:

— Este é apenas um pequeno presente, caro tabelião. Você poderia então preparar o meu documento?

Completamente satisfeito, o tabelião se apressa em redigir o tal documento, depois o entrega a Nasrudin, que volta para casa todo contente.

Guloso, o tabelião logo abre o pote de mel, mas assim que coloca a colher percebe que a camada de mel não tem mais do que um centímetro e que o resto do pote está cheio de esterco de vaca. Ele logo compreende que se deixou enganar por Nasrudin, fecha então o pote de mel, chama seu secretário e lhe diz:

— Vá até Nasrudin e peça que ele me traga de volta o documento, porque ele contém um erro.

O secretário vai até a casa de Nasrudin e lhe transmite a mensagem.

Mas Nasrudin lhe responde:

— Não, meu amigo. Volte lá e diga ao tabelião que o documento está perfeito, não há nada de errado com ele. O erro está mesmo é no pote de mel.

A carne ou o gato

Nasrudin compra meio quilo de carne e pede à sua mulher que a prepare para o jantar.

Enquanto cozinha, a esposa de Nasrudin experimenta um pedaço da carne. Como sua receita está particularmente deliciosa, ela dá outra garfada, depois outra, no fim não resiste e come o pedaço inteiro de carne.

No jantar, sem comentar nada, ela serve a Nasrudin uma excelente sopa de legumes.

Nasrudin então lhe pergunta:

— Onde foi parar a carne que eu trouxe hoje à tarde?

— Ah, infelizmente, o gato comeu! — lamenta a esposa.

Nasrudin reflete alguns instantes e pede a ela:

— Você poderia me trazer o gato, por favor?

A esposa sai em busca do felino e logo o traz até o marido. Ele então coloca o animal sobre uma balança que indica exatamente o peso de 500 gramas.

Ele se vira então para a esposa e pergunta:

— Se esse é o peso do gato, onde está a carne? E se esse é o peso da carne, onde está o gato?

A curiosidade

Certa noite, já deitado na cama com sua mulher e prestes a dormir, Nasrudin de súbito exclama:

— Ah, uma ideia acaba de passar pela minha cabeça!

Curiosa, a esposa pergunta:

— O quê? Conta logo para mim!

— Primeiro vá buscar o resto da halva que você preparou hoje, depois eu lhe conto tudo.

Ainda mais curiosa, a esposa vai logo buscar a halva e serve a Nasrudin, que começa a saborear o doce tranquilamente. Assim que termina, devolve a ela o prato vazio sem dizer nada.

— Então, que ideia é essa que você teve? — pergunta a mulher, sem se conter.

— Bem, o que me veio à cabeça é que sempre é preciso acabar com a halva que foi preparada durante o dia.

O pote de terracota

Nasrudin resolve ir até a casa do vizinho para pedir emprestado um pote de terracota.

O vizinho gentilmente atende seu pedido.

No dia seguinte, nosso herói vai devolver o pote acompanhado de dois potinhos.

— Mas Nasrudin, eu te emprestei apenas um pote!

— Sim, mas ele deu cria e teve dois potinhos.

O vizinho logo chega à conclusão de que Nasrudin é completamente louco, mas que, no fim das contas, para ele aquele tinha sido um ótimo negócio.

"Se estou recebendo dois potinhos a mais, por que não ficar com eles?" – pensa o vizinho. E, então, aceita os três potes.

Uma semana depois, Nasrudin vai de novo à casa do vizinho e pede emprestado o mesmo pote. Radiante, o homem se apressa em atendê-lo, já antecipando um novo lucro. Uma semana se passa, depois duas, e nem sinal de Nasrudin. O vizinho acaba indo bater em sua porta:

— Nasrudin, e o pote de terracota que eu te emprestei, afinal, onde está ele?

— Ah, sinto muito, ele está morto — suspira Nasrudin.

— Como assim, nunca vi um pote de terracota morrer!

E Nasrudin retruca, implacável:

— Quando eu disse que o pote tinha tido filhotes, você sequer pestanejou. Se ele pode ter filhotes, então por que não poderia morrer?

A metade da recompensa

Um dia, enquanto visita sua horta, Nasrudin se dá conta de que alguns de seus magníficos pepinos já tinham amadurecido. Convencido de que aquela seria uma bela oportunidade para fazer uma oferenda ao rei, ele colhe os pepinos e, antes de sair de casa, enche um grande cesto com eles.

Assim que chega à corte, Nasrudin solicita ao mordomo real que o conduza à presença do rei. Usurário e astucioso, o fidalgo tenta negociar o acesso de Nasrudin:

— Para isso, eu exijo a metade da recompensa que o rei lhe conceder.

— Negócio fechado — concorda Nasrudin.

Nasrudin entra então na corte e faz sua oferenda ao rei, que olha para ele com visível irritação:

— Nasrudin, você sabe muito bem que eu detesto pepinos. Considero um insulto da sua parte me trazer tantos de uma vez! Como recompensa, você vai receber cem chibatadas!

Imediatamente, os guardas imobilizam Nasrudin e começam a aplicar as chibatadas. Quando chegam ao número cinquenta, Nasrudin os interrompe:

— Parem! As cinquenta chibatadas que faltam devem ser aplicadas no mordomo real!

Intrigado, o rei lhe pergunta por que razão isso deveria acontecer.

— Ora — insiste Nasrudin —, porque para me deixar entrar aqui ele exigiu metade da recompensa que eu recebesse. Então, vamos parar por aqui.

— Isso me parece justo — conclui o rei. — Façam entrar o mordomo real!

E, sem demora, as cinquenta chibatadas restantes foram imediatamente dadas no mordomo real.

Na mesquita

Numa sexta-feira, Nasrudin está na mesquita para fazer suas orações quando vê a seu lado um grande devoto em pleno momento de súplica:
— Senhor, conceda-me a devoção, a fé, a benevolência, a generosidade.

Nasrudin espera que ele fique em silêncio e depois implora ele mesmo ao Altíssimo:

— Senhor, conceda-me muito dinheiro, uma bela casa, uma linda mulher, a beleza...

Ao ouvir isso, o homem olha para ele ultrajado:

— Como ousa você blasfemar fazendo semelhantes súplicas ao Todo-Poderoso?

— Ora, cada um pede o que lhe falta...

13.

Ser lúcido

> "A lucidez é o ponto de partida da sabedoria."
>
> ALBERT JACQUARD

Com certa regularidade, não somos inteiramente coerentes com valores que consideramos essenciais, como falar de altruísmo e não dar atenção aos outros, recomendar a paciência quando somos impacientes, e tantas outras situações que vão da pequena à grande incoerência. Como é sempre muito difícil e doloroso mudar nossas expectativas e comportamentos, a atitude mais frequente é recusar a realidade e justificar nossos atos. Na linguagem corrente, isso se denomina má-fé, o que na verdade é uma tentativa de não se sentir culpado. Para se defender, o ego está sempre pronto a se colocar acima de tudo, inclusive da realidade dos fatos. E o mais surpreendente é que isso muitas vezes funciona.

O filósofo Schopenhauer consagrou uma de suas obras a esse tema – *A arte de ter razão* – na qual ele expõe 38 estratagemas para defender nossas crenças, mesmo quando estamos errados. Nasrudin parece conhecer bem esses princípios, em particular o 15º – "Utilizar argumentos absurdos"; o 14º – "Tirar falsas conclusões"; ou ainda o 36º – "Desconcertar o adversário por meio de palavras insensatas". Ele usa e abusa deles com muito talento.

Schopenhauer destaca a vaidade como uma das razões que nos levam a agir desse modo. Não se usa de má-fé apenas na relação com o outro, mas também na relação consigo mesmo: para nós, a vaidade é muitas vezes uma espécie de autoengano, uma forma de evitar o confronto com a não conformidade entre nossos atos e nossos valores, diminuindo assim o desconforto gerado por essa dissonância. Esse mecanismo pode ser identificado na maneira como muita gente trata os animais e os seres vivos em geral: como não podem se reconhecer como indivíduos que infligem sofrimento aos animais, ou que apoiam a destruição de ecossistemas, essas pessoas defendem posições que aliviam sua consciência: "Os animais não sentem nada". "O homem nada tem a ver com a poluição do meio ambiente." Permanecer apegado a uma interpretação que sabemos ser falsa, mas que recusamos a abandonar, é algo bem característico do ser humano. Uma vez desencadeado esse mecanismo, fica difícil voltar atrás.

Na prática, quanto mais tiver persistido em agir de má-fé, e achar que está sendo questionada, mais a pessoa manterá sua posição. É muito difícil se distanciar das próprias crenças: continuamente interpretamos o mundo no sentido de reforçá-las. Se estivermos convencidos de que uma determinada pessoa é maldosa, interpretaremos todos seus comportamentos baseados nisso: mesmo se ela falar gentilmente e tentar nos ajudar, consideraremos isso como hipocrisia ou manipulação. Vale sempre reiterar que, quando existe dissonância entre nossa vida e nossos ideais, isso cria uma tensão desconfortável e, mais do que reconhecer o erro que cometemos, nossa tendência é buscar uma explicação que permita reduzir esse mal-estar. Razão pela qual é tão difícil se libertar de uma organização sectária: mesmo se o líder do grupo for suspeito de algo, e até mesmo perseguido pela justiça, para seus adeptos isso vira uma prova de que existe um verdadeiro complô contra ele.

Por vezes, a má-fé é um autêntico ato de fé: simplesmente nos recusamos a enxergar a situação tal como ela é.[1] Quem é que quer e pode viver sem agir num mundo repleto de injustiças, de clima desregulado, onde os interesses comerciais geram produtos que comprometem nossa saúde?

---

1. Aurélien Bellanger, "La Conclusion", France Culture, juin, 2019.

Quando existe dissonância entre nossa vida e nossos ideais, isso cria uma tensão desconfortável e, mais do que reconhecer o erro que cometemos, nossa tendência é buscar uma explicação que permita reduzir esse mal-estar.

Para se libertar da má-fé, é preciso abrir espaço para o discernimento. Examinar-se com clareza e benevolência para descobrir a incoerência, confrontar-se com os próprios defeitos ocultos e deixá-los vir à tona. Encarar de frente nosso modo de pensar, falar e agir para eliminar o que faz mal, o que causa sofrimento ao outro e a nós mesmos. Esse discernimento é uma forma de lucidez.

E para alimentar nossa lucidez, nada melhor do que o fabuloso contraexemplo de Nasrudin, especialista na arte da má-fé!

No jardim do vizinho

Nasrudin vai até a horta do vizinho e, já que ele estava ausente, decide fazer uma ampla coleta de seus legumes. Mas o vento começa a soprar forte e, em plena borrasca, preocupado com seus legumes, o vizinho volta correndo para inspecionar sua horta.

Ao descobrir Nasrudin sentado no chão, com um cesto repleto de seus belos legumes, ele exclama:

— Nasrudin, o que você está fazendo aí sentado?

— Veja só, o vento estava tão forte que eu me aproximei dos seus legumes. Quando fiz isso, alguns deles foram arrancados — explica placidamente Nasrudin.

— Mas então por que eles estão tão bem arrumados no seu cesto? — retruca o vizinho, desconfiado.

— Sabe de uma coisa, eu estava justamente me fazendo a mesma pergunta!

A lanterna

Nasrudin sempre se gaba de ter qualidades pouco comuns, principalmente a de enxergar no escuro. As pessoas estão habituadas com suas bravatas, mas, eis que uma noite, um vizinho cruza com Nasrudin andando na rua com uma grande lanterna na mão.

A ocasião é muito propícia para confundi-lo:

— E então, Nasrudin, eu acreditava que você enxergava no escuro. Por que você agora precisa de uma lanterna?

— Ah, mas esta lanterna não é para mim! É justamente para evitar que as pessoas que não enxergam no escuro esbarrem em mim.

Um rouxinol muito jovem

Um dia, Nasrudin trepa na cerejeira de seu vizinho e começa a comer suas deliciosas cerejas. Mas o vizinho o surpreende:

— Nasrudin, o que você está fazendo aí em cima da árvore comendo minhas cerejas?

— Sou um rouxinol, não sou Nasrudin — responde ele com ar de inocente.

— Muito bem, se você é um rouxinol então cante!

Nasrudin tenta cantar, mas é pouco convincente e nem um pouco melodioso.

— Para um rouxinol, não se pode dizer que você canta muito bem!

— Sim, mas isso é porque eu sou um rouxinol muito jovem — retruca Nasrudin.

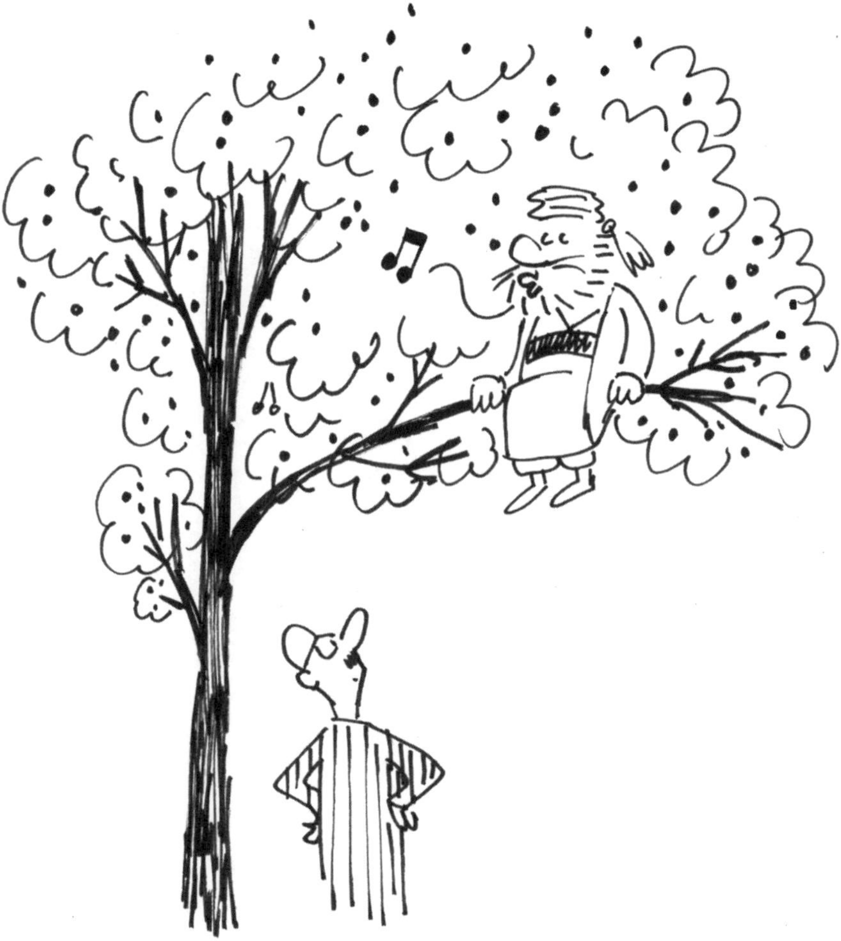

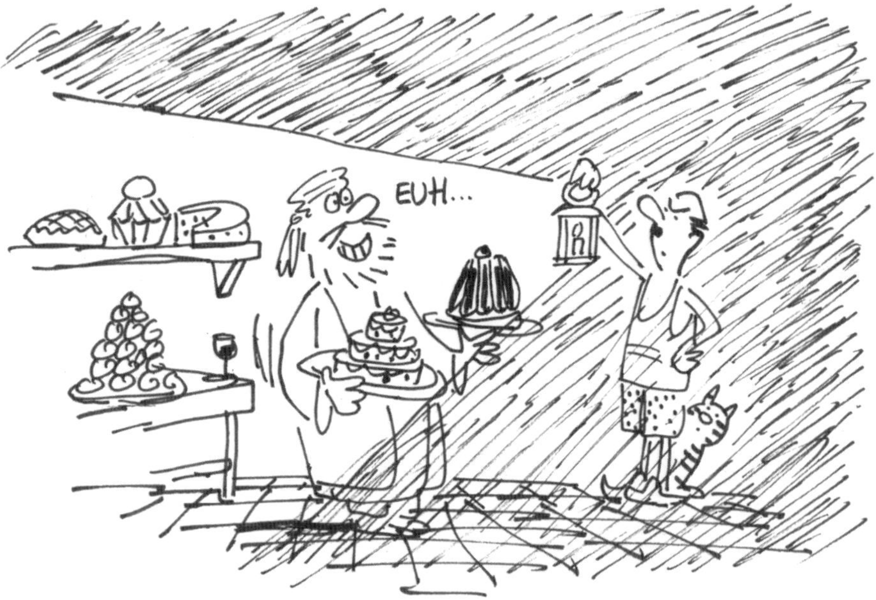
EUH...

Uma pergunta muito difícil

Na praça do vilarejo, um erudito um tanto prepotente e orgulhoso de si anuncia a todos que o rodeiam:

— Tenho resposta para tudo. Posso responder a todas as perguntas, por mais difíceis e profundas que sejam. Façam qualquer pergunta e verão.

Sentindo-se desafiado, Nasrudin se aproxima:

— Que bom saber que você pode responder a tudo. Alguns dias atrás, me fizeram uma pergunta que eu fui totalmente incapaz de responder.

— Ah, isso pouco importa! Afinal, qual foi a pergunta? — diz o erudito com certa condescendência.

— Tudo aconteceu no meio da noite. Eu entrei na casa do vizinho para ver se, por um acaso, naquele dia não tinha sobrado algum doce. Acordado pelo barulho, o vizinho apareceu e me fez a seguinte pergunta: "Mas o que é que você está fazendo dentro da minha casa no meio da noite?".

O varal

Um vizinho vai até a casa de Nasrudin e lhe pergunta:
— Nasrudin, você poderia me emprestar seu varal de secar roupa?
— Não — retruca Nasrudin —, isso é impossível, estou secando a farinha.
— Me diz, então, como você faz para secar farinha no varal?
— Muito simples. Basta não querer emprestar o varal!

O peru que pensa

Todos os sábados, Nasrudin vai até o mercado do vilarejo. Um dia, ele se depara com um comerciante que exalta os méritos de um papagaio:

— Senhoras e senhores, este papagaio fala, e tem um vocabulário muito grande. Por cinquenta dinares, eu lhes vendo um papagaio que fala!

Nasrudin corre rapidamente para casa, volta acompanhado de um peru e se senta ao lado do comerciante. Em seguida, anuncia ao público:

— Senhoras e senhores, eis aqui um peru extraordinário, eu o vendo por cem dinares.

Os espectadores olham para Nasrudin e zombam dele. O comerciante se vira para Nasrudin e pergunta:

— Nasrudin, se eu vendo meu papagaio que fala por cinquenta dinares, como você pretende vender seu peru pelo dobro do preço?

— É verdade que você tem um papagaio que fala, mas eu tenho um peru que pensa.

Dons fora do comum

Nasrudin tem a reputação de possuir o dom da clarividência, e até mesmo alguns poderes mágicos. No entanto, conhecendo o desvairado, o sultão não acredita nisso. Um dia, ele convoca Nasrudin e tenta confundi-lo:

— Então, Nasrudin, parece que você tem poderes sobrenaturais. Se você não me der provas disso agora, mandarei cortar sua cabeça!

Ao ouvir as palavras do sultão, ele reflete por um momento, depois olha para o céu e diz:

— Vejo um grupo de dragões atravessando os céus em todas as direções, rugindo e cuspindo fogo.

Ele então descreve a fabulosa cena da visão que está tendo naquele instante.

Impressionado, o sultão pergunta a Nasrudin:

— O que é preciso fazer para ver tudo isso?

— Muito simples, majestade, basta ter medo!

Nasrudin e o chinês

Nasrudin afirma que no passado fez uma viagem à China e aprendeu a falar chinês. Um comerciante que logo deve viajar para lá a negócios pede que ele lhe ensine algumas das palavras mais usadas em chinês.

— Como se diz "elefante"? — pergunta o comerciante.

— Por que escolher uma palavra inútil? — responde Nasrudin. — Não existem elefantes na China!

— Então, como se diz "mosquito"?

— "Elefante", "mosquito": você não tem nenhum senso de medida! Um dos animais que você escolheu é imenso, o outro minúsculo. Na China, ninguém gosta muito de gente que não tenha senso de medida.

— Então, como se diz "cordeiro"?

— Isso eu não sei dizer. Quando deixei a China, os cordeiros tinham acabado de nascer, e os chineses ainda não haviam tido tempo de lhes dar um nome.

Como os burros leem

Em meio a uma conversa com o rei, Nasrudin começa a exaltar os méritos do seu burro:

— Ele é tão inteligente que posso lhe ensinar tudo, até mesmo a ler.

— Nesse caso, ensine-o a ler — ordena o rei. — Eu te dou três meses para conseguir isso.

De volta para casa, Nasrudin se dedica à tarefa. Coloca a ração do burro entre as páginas de um grosso livro e o ensina a virar as páginas para encontrar sua comida. Três dias antes do prazo de três meses estipulado pelo rei, ele para de alimentar o animal.

No dia combinado, Nasrudin leva o burro ao palácio do rei, pede um grande livro e o coloca diante do animal esfomeado. O burro começa a virar as páginas com sua língua, e como não encontra nada começa a relinchar.

— Essa é uma maneira bem estranha de ler! — exclama o rei.

— De fato — concorda Nasrudin —, ele lê corretamente, majestade, mas não se sai muito bem com a pronúncia.

A palavra de um burro

Como de costume, Nasrudin está debruçado na janela que dá para a rua principal do vilarejo. Um de seus vizinhos passa por ali e Nasrudin pensa: "Esse aí ainda vai me pedir alguma coisa". Mesmo assim, ele saúda o vizinho dizendo:

— Desejo paz para você, meu amigo.

— Que Deus o proteja, Nasrudin — responde o vizinho, e acrescenta:

— Quero lhe pedir um favor. Preciso urgentemente transportar minha colheita para o mercado, mas meu burro está doente. Você poderia me emprestar o seu?

— Gostaria muito — diz Nasrudin —, mas infelizmente ele não está disponível no momento, já o emprestei para outra pessoa.

Nesse exato momento, ouve-se o burro relinchar bem alto no quintal.

— Acho que você está fazendo pouco caso de mim. Não se comporta como um amigo, mente só para não ter que me emprestar seu burro!

Nasrudin assume ares de ofendido e responde calmamente:

— E você, como pode pretender ser meu amigo se dá mais valor à palavra do meu burro do que à minha!

14.

Agir de maneira justa

> "Para agir bem, é necessário agir de maneira apropriada."
>
> MONTAIGNE

Agir ou não agir de maneira oportuna, é isso que o Mulá Nasrudin sugere com suas astúcias: sua sabedoria é uma sabedoria ativa. Essa é uma dimensão importante de nossas vidas. Todos os dias, muitas vezes num mesmo dia, fazemos escolhas, agimos, e isso traz consequências para nós, mas também para os outros e para o planeta. Presos aos nossos hábitos, condicionamentos e emoções, por vezes agimos de maneira incongruente, sem levar em conta o impacto que isso pode causar sobre o bem-estar do outro. Como Groucho Marx costumava dizer a propósito da vida pública: "A política é a arte de procurar problemas, encontrá-los, diagnosticá-los incorretamente e aplicar remédios inadequados".

Os dois critérios que fazem com que a ação seja justa são: a intenção que motiva a ação e a adequação da ação à situação.

Quais são os princípios que poderiam guiar nossas ações? Em seus *Ensaios*, o filósofo Montaigne afirma: "Para agir bem, é necessário agir de maneira apropriada". Será que ele fala de uma ação judiciosa, adequada à situação? Em oposição à uma ação "incorreta", que não seria justa? Sob essa aparente simplicidade, esconde-se uma referência à sabedoria prática de Aristóteles: agir "de modo apropriado" é agir com vistas ao fim necessário, à maneira necessária e ao tempo necessário.

Encontramos a mesma reflexão na filosofia budista. No ensinamento de Buda denominado "O nobre óctuplo caminho", o segundo ponto diz respeito ao que se chama de "ação justa". Em contraste com uma ação inábil ou desfavorável, uma ação hábil é desprovida de avidez, de ódio, de confusão mental e é alimentada por uma intenção de amor, compaixão e compreensão. A intenção que motiva a ação e a adequação da ação à situação são dois critérios que fazem com que a ação seja justa. Isso coincide com "o agir de maneira apropriada" de Montaigne, e nos guia no sentido de proceder com mais clarividência e ética.

Praticar a ação justa requer tanto o coração quanto a inteligência. Precisamos de ambos para evitar ações impulsivas e egocêntricas comandadas pela cólera e pela avidez. Isso também exige de nós o esforço de aguçar nossa lucidez para, assim, agir de modo condizente.

Os bandidos

Nasrudin precisa atravessar uma região que tem a fama de estar infestada de bandidos.

Um pouco preocupados, seus amigos o colocam de sobreaviso:

— O facão que você carrega no cinturão não será suficiente. Aqui estão dois sabres, com eles você poderá se defender melhor.

Nasrudin pega então a estrada junto com seu burro, já carregado com um lote de mercadorias. No dia seguinte, ele volta todo cabisbaixo, com o burro e os cestos totalmente vazios.

— Então, Nasrudin, o que aconteceu?

— Fui completamente roubado pelos bandidos — explica o infeliz.

— E você não se defendeu?

— Mas como eu podia me defender, tinha as duas mãos ocupadas com esses dois sabres!

O soluço

Nasrudin também é um pouco médico.
Certo dia, alguém do vilarejo vem procurá-lo:
— Nasrudin, você não teria um remédio contra soluço?
Nasrudin olha bem para ele, e, de repente, lhe dá uma magistral bofetada.
— Mas o que deu em você? — berra o vizinho, com a face em fogo.
— Assustei você? Ah! Esse é o melhor remédio contra soluço.
— Mas que coisa idiota — reage o vizinho nervoso. — Não sou eu quem está com soluço, é meu filho.

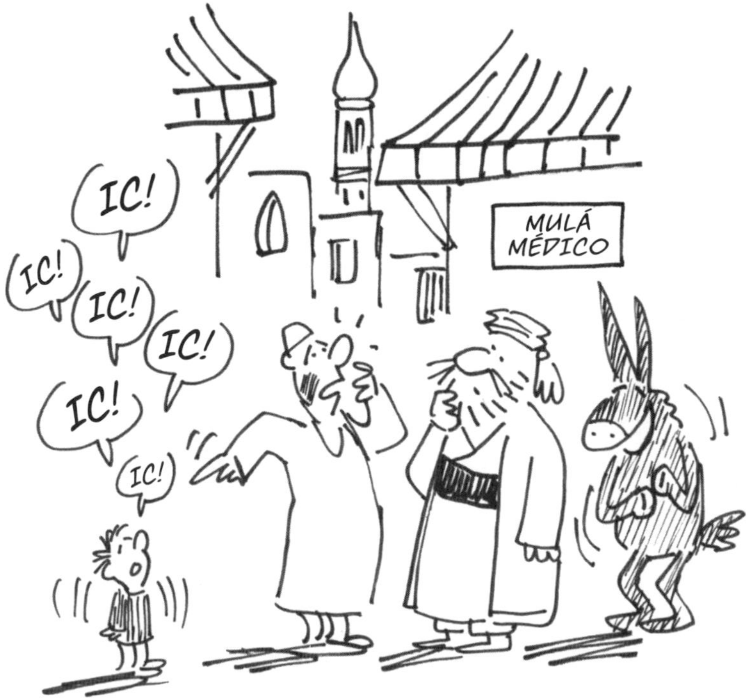
IC!
IC!
IC!
IC!
IC!
IC!
MULÁ MÉDICO

Nasrudin médico

Nasrudin recebe a visita de um homem muito velho, com o corpo completamente arqueado pela dor.

— Nasrudin, como você vê, sofro de artrose e tenho dificuldade de andar. Será que você conhece algum remédio para o meu mal?

— Velho homem, esta é minha receita. Assim que sair daqui você vai tirar toda a roupa e rolar na neve inteiramente nu.

— E isso vai acalmar minhas dores? — pergunta o velho, bastante surpreso com a recomendação.

— Claro que não — responde Nasrudin. — Mas você vai pegar um belo resfriado, e isso pelo menos eu sei como curar.

A ameaça

Nasrudin de repente se dá conta de que roubaram seu burro. Furibundo, ele entra na praça do mercado e ameaça todo mundo:

— Se meu burro não voltar em 24 horas, farei exatamente o que meu pai fez quando roubaram o dele.

A notícia se espalha pelo vilarejo e acaba chegando aos ouvidos dos ladrões, que começam a se inquietar:

— Caramba, parece que Nasrudin não está de brincadeira! Para não correr risco, arranjamos uma boa desculpa e devolvemos seu burro.

Os ladrões levam o burro para Nasrudin e pedem desculpas:

— A gente queria apenas fazer uma brincadeira. Aí está seu burro são e salvo, pedimos que nos perdoe.

Mas levados pela curiosidade, antes de partir ainda perguntam a Nasrudin:

— Mas, afinal, o que seu pai fez quando roubaram o burro dele?

— Bem, ele comprou outro — responde Nasrudin.

15.

Ser autêntico

"Autenticidade é ser o mesmo em todas as situações, ser um projeto único."

Jean-Paul Sartre

Todos vivemos momentos em que nos sentimos em sintonia com o que é mais importante para nós. Momentos em que nos sentimos integrados e sabemos que estamos agindo de forma justa. Em contrapartida, talvez tenhamos atravessado períodos em que vivemos em contradição com nossas aspirações profundas, ou quando esse sentimento de integridade estava ausente. A autenticidade pode ser definida como uma ação sincera, coerente com o que, interiormente, nos move. Montaigne costumava dizer: "Como é bela a harmonia quando o dizer e o fazer caminham juntos".

Outra dimensão importante da autenticidade consiste em não modificar nossos comportamentos em função da expectativa dos outros, principalmente quando essa expectativa contradiz nossos próprios valores. Se levássemos essa lógica ao seu extremo, o que de um modo divertido o Mulá Nasrudin nos convida a fazer, poderíamos nos sentir em coerência com intenções nefastas. Para que a autenticidade se transforme em virtude, além da fidelidade a si próprio, ela deve ter mais uma característica: ser fundada numa intenção benevolente. Em consequência, a autenticidade positiva requer lucidez e discernimento quanto às nossas intenções mais profundas.

Ao se tornar virtuosa, a autenticidade servirá de alicerce para outras virtudes, tais como a justiça e a compaixão.

O que não é coerente é aspirar à virtude, mas agir no sentido oposto. Essa acrasia, da qual Alexandre Jollien fala com frequência, representa o contraste entre nossos ideais e nosso modo de implementá-los no cotidiano. Quer seja em relação à opinião ou à expectativa dos outros, ao orgulho, aos interesses pessoais, Nasrudin explicita nossas incoerências até às raias do absurdo.

Como cultivar uma certa coerência em nosso caminho repleto de incoerências? Quem sabe esclarecendo nossas intenções, sendo lúcidos a respeito dos comportamentos e benevolentes com nossas próprias vulnerabilidades? A autenticidade implica uma responsabilidade em relação a nós mesmos? Aos outros? Ao planeta? Como nos alerta a ativista Laure Waridel, é preciso distinguir a integridade do integrismo. É possível ser totalmente coerente o tempo todo, sem incorrer na rigidez e na imbecilidade?

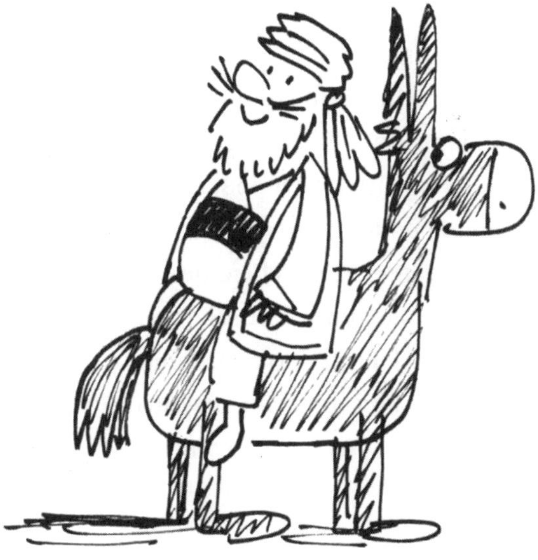

O ministro dos elefantes

Certo dia, Nasrudin se apresenta diante do sultão e lhe diz:

— Majestade, eu gostaria muito de estar a seu serviço e de ter um título. O senhor, que é o todo-poderoso neste reino, nomeie-me ministro.

— Ah, Nasrudin, infelizmente todos os cargos do meu reino estão ocupados — responde o sultão. — Eu realmente não vejo a que ministério eu poderia te nomear.

— O senhor poderia me nomear Ministro da Defesa dos Elefantes — repete o Mulá, cheio de entusiasmo.

— Veja bem, Nasrudin, você sabe melhor do que ninguém que não existem elefantes no meu reino.

— Que importância tem isso, majestade, o senhor também tem um Ministro da Justiça, não tem?

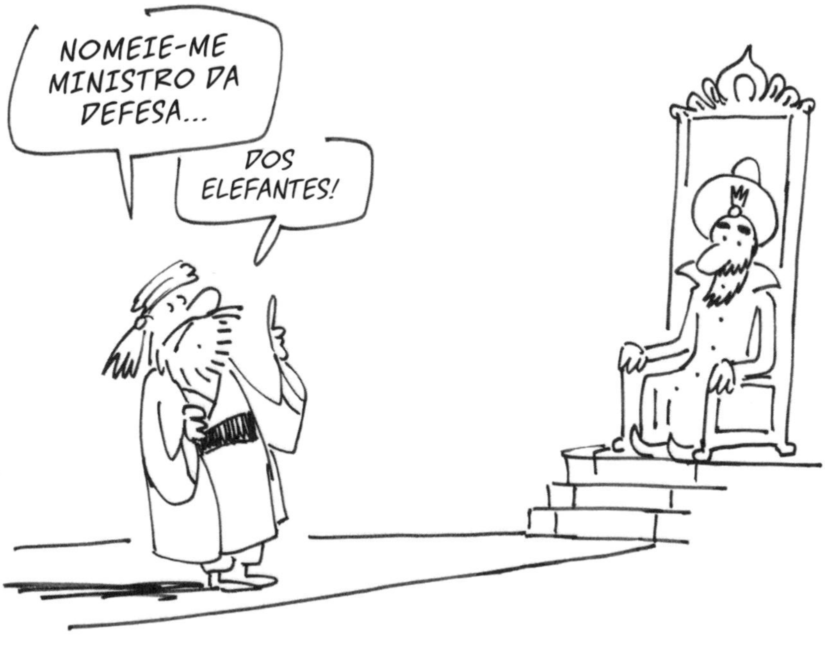
NOMEIE-ME MINISTRO DA DEFESA...
DOS ELEFANTES!

Correr debaixo da chuva

Chove. E, como de costume, Nasrudin observa com interesse o mundo desfilar diante de sua janela. De repente, ele vê seu vizinho passar correndo para não se molhar.

Nasrudin então lhe pergunta:

— Diz aí, meu amigo, você não sabe que a chuva cai do céu e que ela é uma benção do Senhor? Por que está com tanta pressa?

Diante desse apelo à devoção, o homem se sente obrigado a diminuir o passo e, contrariado, chega ao fim da rua completamente ensopado.

Alguns dias depois, a situação se inverte: chove, o vizinho está na janela e vê Nasrudin passar a toda velocidade, tentando escapar da chuva.

— Ei, Nasrudin! E eu que acreditava que a chuva era uma benção dos céus! Por que você está correndo tanto?

— Eu sei disso, é claro, mas você não ia querer que eu desse passinhos curtos e acabasse pisando em todas essas bençãos, não é!

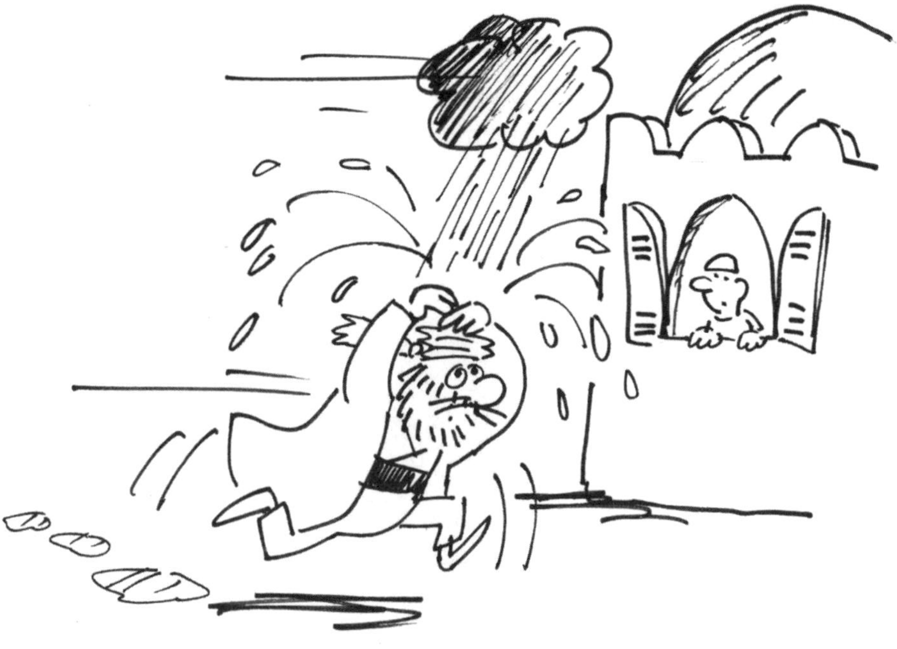

A idade

Certo dia, um habitante do vilarejo pergunta a Nasrudin:
— Então me diga, Nasrudin, com que idade você está agora?
— Estou com 65 anos — responde ele.
— Mas, como assim, você já disse isso há três anos!
— É verdade, sou homem de uma palavra só.

O segredo

Nasrudin está conversando com um de seus amigos, enquanto tomam uma xícara de chá: eles têm o hábito de comentar as últimas fofocas do vilarejo.

— Tenho uma história incrível para lhe contar — anuncia Nasrudin. — Você consegue guardar um segredo?

— Quando se trata de guardar segredos, não existe ninguém como eu, pode confiar em mim! Vai, conta logo!

— Ah! Será que você está achando que eu talvez seja incapaz de guardar um segredo?

A cabeça esquecida

Nasrudin vai visitar um amigo que lhe deve dinheiro.

O amigo, que espia a rua da janela, vê o Mulá se aproximar e, antes de se esconder, previne a esposa:

— Nasrudin está chegando, mas não tenho vontade de vê-lo. Diga a ele que eu saí, que fui ao mercado.

Quando Nasrudin bate à porta, a mulher do amigo abre e com ar desolado lhe diz:

— Infelizmente, meu marido saiu, ele foi ao mercado.

— Tudo bem — responde Nasrudin —, mas da próxima vez diga para ele não esquecer a cabeça na janela!

A vaca

Houve um tempo em que Nasrudin exercia as funções de juiz suplente.

Certo dia, um camponês vêm procurá-lo:

— Excelentíssimo senhor juiz! Venho lhe fazer uma consulta. Vamos supor que uma vaca, amarrada a uma estaca, machuque uma vaca perdida com uma chifrada. Será que o proprietário da primeira vaca deve indenizar o dono da segunda?

— Claro que não — responde Nasrudin. — Toda vaca tem que ficar presa em seu curral. Azar do dono que deixou a dita cuja vagabundear por aí.

— Estou realmente aliviado, meritíssimo, já que minha vaca acaba de ferir a sua.

— Senhor todo-poderoso! Por que desde o início o senhor não me fez um relato completo dos fatos? Assim fica muito mais complicado do que eu imaginava. Eu realmente preciso consultar a jurisprudência. Tragam-me aquele livro grosso de capa preta que está bem no alto da prateleira!

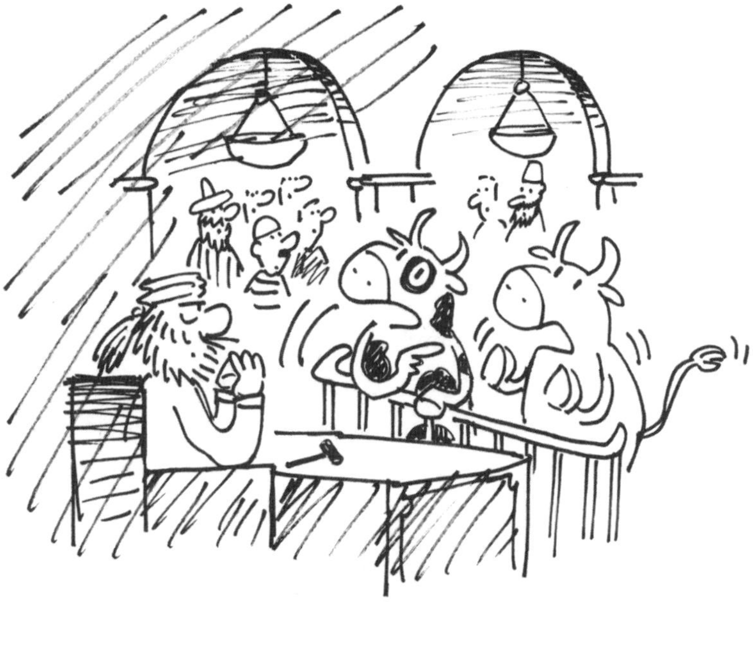

16.

Conhecer a si mesmo, mas como?

> "Aquilo que chamamos 'eu' não é mais
> do que uma porta de vaivém,
> que se move quando inalamos
> e quando exalamos."
>
> SHUNRYU SUZUKI[1]

Todos nós temos a impressão de ser alguém. Se nos pedirem para nos apresentar, faremos certamente referência ao gênero, à idade, à nacionalidade e talvez à religião a qual pertencemos; mencionaremos os diplomas que temos, a situação familiar em que vivemos e nossa ocupação profissional. Se a conversa for mais íntima, pode ser que falemos de nossas emoções e do caminho de vida que escolhemos: dos sofrimentos e das alegrias que contribuíram para forjar

---

1. Shunryu Suzuki, *Mente zen, mente de principiante*, São Paulo: Palas Athena, 1999.

nossa personalidade. Isso quer dizer que todos nos identificamos com um nome, com um corpo, uma história (idade, local de nascimento, pertencimentos diversos), com os condicionamentos, papéis (profissionais, familiares, pessoais). Em última análise, todos esses rótulos são bem úteis e funcionais. Eles têm um lado prático, servem para nos definir e facilitar nossa comunicação com os outros (podemos contar histórias uns aos outros). Mas será que esses rótulos têm existência própria?

O que acontece quando nos identificamos de maneira rígida com esses conceitos? A maioria das tradições filosóficas e espirituais afirma que o desconhecimento de quem somos está no cerne de nossas dificuldades. A máxima de Sócrates, inscrita no frontão do Templo de Apolo, em Delfos, dizia: "Conhece-te a ti mesmo e conhecerás todo o universo e os deuses". Se a história com a qual nos identificamos foi dolorosa e negativa ("sou um fracassado", "nunca fui realmente amado", "jamais conseguirei nada na vida"), essa cristalização vai enrijecer nossa maneira de ser no mundo: nossas ações serão condicionadas por nosso passado. Quanto mais apegados somos a essa imagem de nós mesmos, mais precisaremos protegê-la.

Quando essa identidade acaba se tornando nosso principal foco, passamos então a ser muito influenciados por insultos e elogios; anonimato e fama; ganho e perda; prazer e desprazer. Em resumo: todas as características que parecem se aplicar ao "eu" com o qual nos identificamos. Prisioneiros desse pequeno "eu", começamos a nos afastar dos outros e do ambiente em que vivemos, manifestando comportamentos egoístas que são negativos para os outros e para o planeta.

De certo modo, Nasrudin convida seus leitores a se livrarem dessas identificações. Se esse "eu" se torna mais transparente, podem lhe desferir golpes de espada, podem jogar pó colorido ou fuligem nele, que isso fundamentalmente não o afetará em nada. Tudo o que puder pôr em questão a validação dessas identificações é uma emancipação, já que essas reações de atração e de repulsa via de regra terminam em frustração e sofrimento. Não se identificar mais com uma imagem, um corpo, um aspecto, com "nossa" pessoa como uma entidade, liberta das causas do sofrimento. Não é por acaso que etimologicamente a palavra "pessoa" se origina do latim *persona*, cujo significado é "máscara".

A sabedoria de conhecer a si mesmo não consiste em explorar o próprio eu em todas suas dimensões, nem se fixar nele o tempo todo, com suas manias, medos e desejos. O conhecimento de si pode ser entendido como aquele que nos faz perceber que a natureza fundamental da consciência é ser desprovida desse tipo de identidade. Quando isso acontece, passamos a reconhecer a consciência como um espaço de despertar, de conhecimento puro que conduz à libertação das causas do sofrimento.

Ao questionar nossas identificações, nossas máscaras, Nasrudin nos ajuda a recuperar em nós mesmos um espaço de liberdade.

Ninguém sabe de verdade

Nasrudin entra um dia num caravançarai e vai falar direto com o gerente.

— Você me viu entrar? — pergunta ele.

O homem aquiesce.

— Mas você me conhece?

— Não — responde o gerente um pouco surpreso.

— Então, como sabe que sou eu?

Você também mudou de nome?

Nasrudin está na praça do mercado quando encontra um homem.

— Como vai, Mustafá? Nossa, como você mudou! Engraçado, você era pequeno, e agora cresceu!

— Mas... — objeta o homem.

— Além do mais, você tinha cabelos negros, agora eles são castanhos.

— Mas... mas!!!

— E como você ganhou peso! E a cor dos seus olhos também mudou! Ah, de verdade, Mustafá, quase não te reconheci!

— Mas que coisa... eu não me chamo Mustafá! — protesta o homem.

— Ah! você também mudou de nome! — conclui Nasrudin.

Sou eu mesmo?

Nasrudin vai até a cidade com a ideia de pedir emprestada uma grande soma em dinheiro.

Ele tem algumas provas de identidade, mas os documentos não parecem estar em ordem. Ao conferir os papéis, o credor franze o cenho:

— Sim, *a priori*, eu poderia lhe emprestar o dinheiro, mas esses papéis são um pouco imprecisos, eu precisaria no mínimo de uma prova de que você é você mesmo.

Ao ouvir isso, Nasrudin tira um espelho da mochila, olha para si mesmo por alguns instantes e conclui:

— Sim, posso lhe garantir que sou eu mesmo.

O albornoz de Nasrudin

Certa manhã, muito inquietos, os vizinhos vão visitar o Mulá Nasrudin para lhe perguntar sobre a barulheira que vinha da casa dele na noite anterior:

— Parecia que alguma coisa rolava pela escada. Diga, o que foi que aconteceu?

— Aquilo não foi nada não — assegura Nasrudin. — Foi meu albornoz que minha mulher jogou escada abaixo.

— Mas uma roupa não pode fazer tanto barulho assim! — retrucam os vizinhos.

— Ah! Mas isso é porque eu estava dentro dela!

O viajante de Bagdá

Um dia, Nasrudin encontra um desconhecido na rua.
— Eu já vi você em algum lugar! Foi em Bagdá, não foi?
O homem retruca:
— Não, eu não conheço você, além disso jamais fui a Bagdá.
Nasrudin reflete, para um pouco e conclui:
— Tudo bem, eu também não, afinal nunca estive lá. Devo tê-lo confundido com duas outras pessoas.

Eu sou esse nada

Um dia, na corte do rei, Nasrudin se vê sozinho na sala de audiências. Aproveitando a ausência de testemunhas, ele se senta no trono do soberano.

Enquanto ele está ali, muito à vontade, o mordomo real entra na sala e exclama horrorizado:

— Mas Nasrudin, o que você faz aí sentado no trono de sua majestade, o rei? Quem você pensa que é para se comportar dessa maneira? Por acaso pensa que é algum ministro?

— Um ministro? Não, não, estou muito acima disso! — diz Nasrudin.

— Então, você acha que é nosso bem-amado soberano? — pergunta o mordomo quase sem fôlego.

— O rei? Claro que não. Estou muito acima disso! — replica o Mulá.

— Mas você pelo menos sabe quem está acima do rei? Quem você está pensando que é, o imperador?

— Não, sou muito mais do que isso — responde Nasrudin.

— E quem é que pode estar acima do imperador? Então você acha que é Deus?

— Evidentemente que não! Muito mais acima ainda!

— Mas nada existe acima de Deus! — responde o mordomo real exasperado.

— Justamente - conclui Nasrudin. — Eu sou esse nada.

ESSA É A HISTÓRIA DE NASRUDIN, ELE ACREDITA QUE É SÁBIO SÓ PORQUE CONTA HISTÓRIAS.

HA HA HA HA HA

Mulá Nasrudin, uma sabedoria universal

> "Um conto é como um espelho no qual cada um pode descobrir sua própria imagem."
>
> Amadou Hampâté Bâ

Chegamos então ao fim desta viagem divertida e instrutiva na companhia surpreendente do Mulá Nasrudin. Esperamos que este seja apenas o começo do caminho com esse sábio imprevisível. Por essa razão, também gravamos essas histórias para que vocês tenham o prazer ouvi-las de novo e de compartilhar algumas delas.

Os contos têm o poder de reavivar a sabedoria que existe em cada um de nós. Mas eles não são receitas prontas, como às vezes propõem os adeptos dos programas de desenvolvimento pessoal: escuta-se uma história diferentemente, em função da própria experiência e do que se vivencia no momento. Cabe a cada um deixar essas histórias ecoarem dentro de si e lhes dar sentido.

Precisamos mais do que nunca dessa sabedoria. Não de uma sabedoria dogmática e árida, mas de uma sabedoria viva, impertinente, libertadora. Uma sabedoria que nos abra os olhos para as ilusões que nos rodeiam. Que nos ajude a preencher o fosso – que somos tão hábeis em cavar – entre as aparências e a realidade.

Embora a sabedoria de Nasrudin pareça excêntrica e ultrapassada, nem por isso é menos autêntica: ela nos reconduz ao mundo real. Por isso mesmo, ela é um saber fluido, leve, que nos faz entrar em sintonia com a vida. O pensamento dogmático, em razão de sua rigidez, acaba sempre em desequilíbrio com a própria natureza da existência, que é estar em perpétua mudança. É muito bem-vindo esse vento de frescor que Nasrudin nos traz.

Nestes momentos tumultuados, em que reina a incerteza, em que as opiniões se polarizam, se cristalizam, o riso irônico de Nasrudin é libertador. A provocação que ele faz é a de nunca nos levarmos muito a sério e de nos libertarmos das ideias preestabelecidas. Como seres humanos, não somos todos visitantes nesta Terra, e isso por um tempo limitado?

Nos excessos e contramodelos que ele nos mostra, Nasrudin faz um convite à lucidez: assim como ele, somos quase sempre joguetes das nossas emoções e presas do nosso ego. Evitamos esforços e nos equivocamos quanto aos meios de alcançar a felicidade, o que nos leva ao sofrimento. Com humildade, o

Mulá nos encoraja a escolher a via do progresso, dos "esforços divertidos", como diz nosso amigo Alexandre Jollien, e assim ter uma relação mais tranquila com o mundo e com o outro.

Jocosa e profunda, impertinente e clarividente, que a sabedoria viva de Nasrudin possa continuar a divertir e, quem sabe, iluminar muitas mentes. Que ao fazer isso ele nos inspire a trabalhar em prol de um mundo mais alegre, justo e solidário.

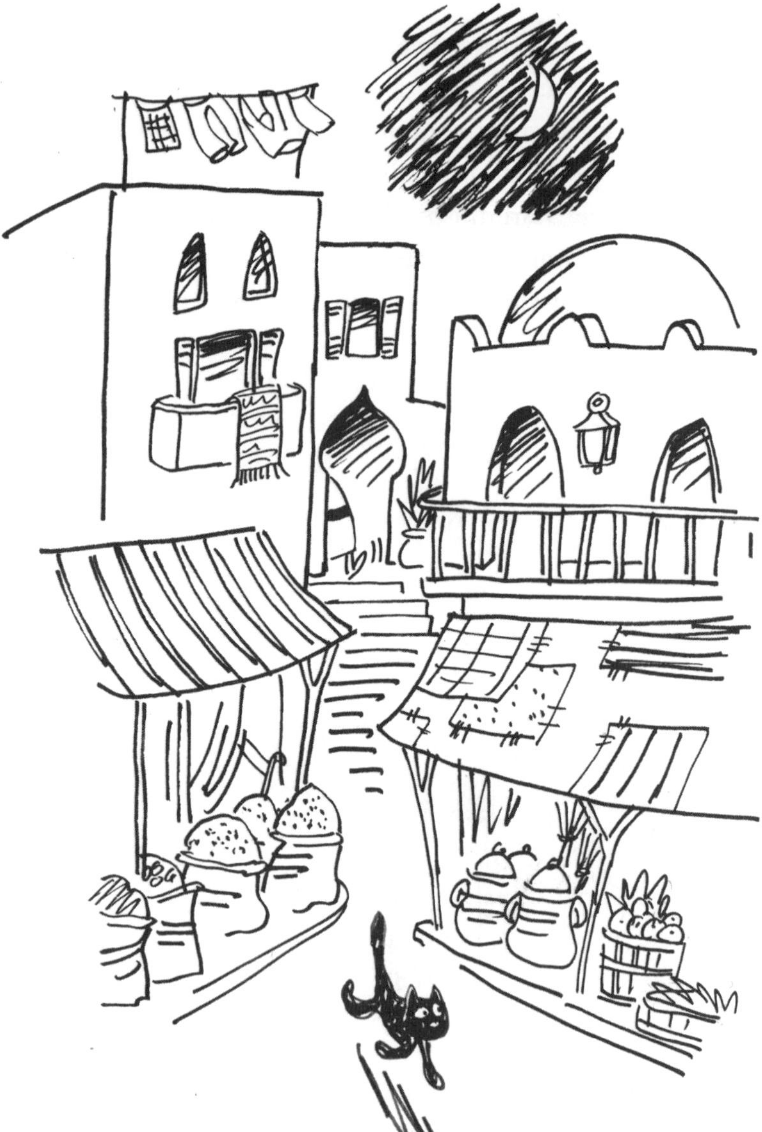

Agradecimentos

Obrigado a todos os nossos predecessores, Idries Shah, Jean-Louis Maunoury e Jihad Darwiche, que, antes de nós, compartilharam essas histórias com talento e foram nossas fontes de inspiração.

Obrigado a todos os contadores e contadoras de histórias anônimos que há séculos compartilharam e enriqueceram essas narrativas.

Obrigado aos nossos comparsas Alain Gabillet, mais conhecido como Gabs, pelos desenhos, e Dominique Bertrand pela música. Sem eles, o projeto teria sido menos belo e inspirador.

Todos os nossos agradecimentos vão aos editores e às editoras Nicole Lattès e Guillaume Allary, Catherine Meyer e Sophie de Sivry.

Ilios: "Um agradecimento especial a Catherine Meyer, que com seu talento e gentileza nos acompanhou na finalização do manuscrito.

Obrigado ao nosso amigo José Le Roy, com quem tive a oportunidade de compartilhar essas histórias e que nos ajudou a escolher e a classificar os temas filosóficos. Obrigado a Maëlle, que nos ajudou com a documentação para a primeira versão da introdução. Obrigado a Julie, que corrigiu e melhorou o texto introdutório".

Matthieu: "Obrigado a todas as pessoas que nos deram a preciosa oportunidade de exercitar a generosidade, a solicitude e a paciência.

Obrigado aos meus mestres espirituais que me ensinaram a 'grande sabedoria' e obrigado ao Mulá Nasrudin por ter nos ofertado seu saber imprevisível e nos ter feito rir muito de suas histórias.

Muito obrigado, claro, a Catherine Meyer que, como sempre, com sua varinha mágica, tornou o texto mais vivo e coerente, e nos encorajou a esclarecer nossas considerações a respeito de exemplos tirados das pesquisas científicas".

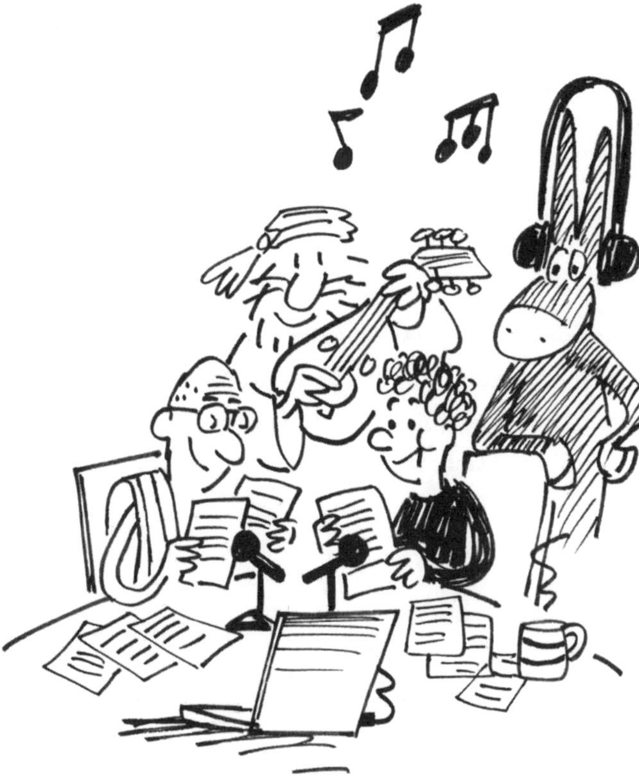

Dos mesmos autores

Ilios Kotsou

Livros colaborativos

— *Transmettre. Ce que nous apportons les uns les autres,* com Céline Alvarez, Christophe André, Catherine Guéguen, Frédéric Lenoir, Caroline Lesire, Frédéric Lopez, Matthieu Ricard, L'Iconoclaste, 2017.

— *Prendre soin de la vie. De soi, des autres et de la nature,* com Christophe André, Gauthier Chapelle, Alexandre Jollien, Steven Laureys, Caroline Lesire, Matthieu Ricard, Luc Schuiten, Rebecca Shankland, Suzanne Tartière, L'Iconoclaste, 2019.

Matthieu Ricard

Ensaios

— *Em defesa dos animais.* São Paulo: Palas Athena, 2017.

— *A revolução do altruísmo.* Tradução de Inês Polegato; revisão técnica de Lucia Benfatti, Martha Gouveia da Cruz, Tamara Barile. São Paulo: Palas Athena, 2015.

— *Chemins spirituels. Petite anthologie des plus beaux textes tibétains,* NiL Éditions, 2010.

— *A arte de meditar.* Rio de Janeiro: Globo, 2010. *A arte da meditação.* Porto Alegre: L&PM, 2019.

— *La Citadelle des neiges,* NiL Éditions, 2005.

— *Felicidade, a prática do bem-estar.* São Paulo: Palas Athena, 2007.

— *Les Migrations animales,* Robert Laffont, «Collection Jeune Science», 1968.

Obras colaborativas

— *Pouvoir et altruisme,* com Tania Singer, Allary Éditions, 2018.

— *Cérebro e meditação: Diálogos entre o budismo e a neurociência,* com Wolf Singer. São Paulo: Alaúde, 2018.

— *Vers une société altruiste,* com Tania Singer, Allary Éditions, 2015.

— *Se changer, changer le monde,* com Christophe André, Jon Kabat-Zinn e Pierre Rabhi, L'Iconoclaste, 2013.

— *O infinito na palma da mão*, com Trinh Xuan Thuan, Lisboa: Notícias, 2001.

— *O monge e o filósofo, o budismo hoje*, com Jean-François Revel. Tradução de Joana Angélica d'Ávila Melo. São Paulo: Mandarim, 1998.

— *Para nós a liberdade!*, com Christophe André e Alexa. Tradução de Edgard de Assis Carvalho e Mariza Perassi Bosco. São Paulo: Palas Athena, 2021.

— *O caminho da sabedoria*, com Christophe André e Alexandre Jollien. São Paulo: Alaúde, 2016.

— *ABC da sabedoria*, com Christophe André e Alexandre Jollien. Tradução de Edgard de Assis Carvalho e Mariza Perassi Bosco. São Paulo: Palas Athena, 2021.

Fotografias

— *Émerveillement*, Éditions de la Martinière, 2019.

— *Un demi-siècle dans l'Himalaya*, Éditions de la Martinière/Yellow Korner, 2017.

— *Visages de paix / Terres de sérénité*, Éditions de la Martinière, 2015. Hymne à la beauté, Éditions de la Martinière/Yellow Korner, 2015. 108 Sourires, Éditions de la Martinière, 2011.

— *Bhoutan. Terre de sérénité*, Éditions de la Martinière, 2008.

— *Un voyage immobile. L'Himalaya vu d'un ermitage*, Éditions de la Martinière, 2007.

— *Tibet. Regards de compassion*, Éditions de la Martinière, 2002.

— *Himalaya bouddhiste*, avec Olivier et Danielle Follmi, Éditions de la Martinière, 2008.

— *Moines danseurs du Tibet*, Albin Michel, 1999.

— *L'Esprit du Tibet* (1996), réédition Éditions de la Martinière, 2011.

Traduções do tibetano

— *Le vagabond de l'Éveil, La vie et les enseignements de Patrul Rinpoché*, Padmakara, 2018.

— *Shabkar, autobiographie d'un yogi tibétain*, Padmakara, 2013.

De autoria de Dilgo Khyentse Rinpotche:

— *Au coeur de la compassion*, réédition Padmakara, 2008.
[*A essência da compaixão*. Três Coroas, RS: Makara, 2013.]

— *Les Cent Conseils de Padampa Sangyé*, Padmakara, 2003.

— *Le Trésor du coeur des êtres éveillés*, Le Seuil, coll. «Points Sagesses», 1996.

— *Au seuil de l'Éveil*, Padmakara, 1995.

— *La Fontaine de grâce*, Padmakara, 1995.

— *Audace et compassion*, Padmakara, 1993.

FSC
www.fsc.org
MISTO
Papel produzido
a partir de
fontes responsáveis
FSC® C133282

Texto composto em Sabon Next LT Pro.
Impresso em papel Avena 80gr na Paym Gráfica.